健康养老的宁波实践

刘效壮◎著

The Practice of
Health Care for the Aged
in Ningbo

ZHEJIANG UNIVERSITY PRESS
浙江大学出版社

图书在版编目(CIP)数据

健康养老的宁波实践 / 刘效壮著. —杭州：浙江
大学出版社，2021.6
　ISBN 978-7-308-21475-9

　Ⅰ. ①健… Ⅱ. ①刘… Ⅲ. ①养老—社会服务—研究
—宁波 Ⅳ. ①D669.6

中国版本图书馆 CIP 数据核字(2021)第 110848 号

健康养老的宁波实践

刘效壮 著

责任编辑	王　波
责任校对	吴昌雷
封面设计	续设计
出版发行	浙江大学出版社
	（杭州市天目山路 148 号　邮政编码 310007）
	（网址：http://www.zjupress.com）
排　　版	杭州朝曦图文设计有限公司
印　　刷	杭州良诸印刷有限公司
开　　本	710mm×1000mm　1/16
印　　张	12.5
字　　数	232 千
版 印 次	2021 年 6 月第 1 版　2021 年 6 月第 1 次印刷
书　　号	ISBN 978-7-308-21475-9
定　　价	48.00 元

前　　言

　　《中共中央关于制定国民经济和社会发展第十四个五年规划和二〇三五年远景目标的建议》提出"实施积极应对人口老龄化国家战略。积极开发老龄人力资源,发展银发经济。推动养老事业和养老产业协同发展,健全基本养老服务体系,发展普惠型养老服务和互助性养老,支持家庭承担养老功能,培育养老新业态,构建居家社区机构相协调、医养康养相结合的养老服务体系,健全养老服务综合监管制度"。这在历次党的全会文献中是第一次,也是"十四五"时期的重大战略部署。"十一五"以来,浙江省、宁波市即先后制定实施了老龄事业、养老服务业专项发展规划,出台了深化完善社会养老服务体系建设及行动计划等一系列政策文件与保障措施,"十四五"期间还将出台实施一系列积极应对人口老龄化举措,推动高质量发展、加快构建新发展格局。

　　宁波作为全国重要港口城市,人口老龄化进入时间早、程度深,于 1987 年就步入老龄化社会,先于全国 12 年。截至 2019 年末,户籍老年人占比已达 25.6％,2025 年将达到 33％;80 岁以上高龄老人占老年人口总数的 14.1％;纯老家庭老年人数 57 万,占老年人口总数的 36.5％;农村老年人口 60 万,占老年人口总数的 38.46％,农村老年人口系数 37.35％,城镇老年人口系数 21.44％。宁波作为长三角南翼经济中心,浙江"双城记"和"一体两翼"发展格局中的"一城一翼","十四五"时期将进一步推动养老服务业发展,为解决老龄化问题贡献宁波智慧和宁波方案,争当浙江建设"重要窗口"的模范生。

　　著者工作单位——宁波卫生职业技术学院主动顺应区域卫生事业和健康产业的发展需求,对接区域新兴健康服务产业发展,与宁波市民政局合作成立国内首家老年照护与管理学院。通过建立政府主导、行业引领、学校推进的政校行企协同机制,推进产教深度融合,搭建共赢互助的合作平台,加强人才培养、科学研究、社会服务等合作。著者依托工作单位这一有利平台,借助宁波老年照护与管理学院办公室主任的岗位职责,通过参与养老服务地方标准起草、养老机构等级评定、养老服务人员培训、《宁波市民政志(1995—2015)》编撰等工作,逐步积累了一些关于宁波健康养老的思考,围绕宁波居家、社区、机构、智慧养老服务,以及养老机构等级评定体系建设等主题,主持完成浙江省民政厅课题4项、宁波市软科学课题1项,发表论文10余篇。本书在此基础上,由改革开放以来宁波养老服务建设发展的概述起篇,分章节论述"健康中国"战略背景下宁波市居家、社区、机构养老建设发展情况,宁波市智慧健康服务体系探索现状;从养老服务标准化建设、人才培养,以及养老机构等级评定体系等维度探讨宁波健康养老的保障;并结合宁波养老服务业的机遇与挑战,在加强养老服务设施改造升级、推进养老服务标准化建设、进行购买养老服务绩效评价等方面进行了展望。

本书的基础是浙江省民政厅("养老机构等级评定体系建设研究"ZMKT202046等)、宁波市民政局、宁波市科学技术局、浙江省社会科学界联合会(2022年度浙江省社科联研究课题:健康养老的宁波实践)支持的各类科研项目。在撰写过程中,得到了工作单位宁波卫生职业技术学院、浙江大学出版社领导和王波编辑的大力支持与帮助。在此特别感谢恩师——宁波大学二级教授戴光中先生、赵江滨教授的谆谆教诲,以及宁波卫生职业技术学院叶国英教授、陈延副研究员、张秀娟教授,宁波市民政局养老服务处二级调研员陈亚庆、宁波市养老服务指导中心副主任洪钟鸣的帮助与指导。

宁波健康养老服务业发展日新月异,由于本人学识有限,水平不高,只能期望管中窥豹,为大家提供参考。书中也难免有疏漏和不妥,敬请各位专家、读者和同道予以批评指正。

目　　录

第一章　宁波养老服务发展概述

宁波地处东南沿海,位于中国大陆海岸线中段,是世界重要港口城市,也是人口老龄化发展较快的地区之一,20 世纪 80 年代中期宁波就进入了人口老龄化社会。21 世纪初,宁波老年人口进入快速增长的高峰期,户籍老年人口以年均 4% 以上的速度递增。为应对人口老龄化和高龄化的严峻挑战,宁波党政部门高度重视养老服务业发展建设,采取了一系列有力措施,全面推进老龄事业健康发展。但是,随着次贷危机和随后出现的全球经济衰退,以及中美贸易摩擦持续升级,宁波依托港口地缘优势形成的进出口经济贸易优势迅速下降。同时,受上海、杭州、苏州、南京等长三角城市"虹吸效应"影响,宁波在资源、人才、资本要素方面的地缘优势荡然无存。在此不利社会经济背景下,宁波养老服务通过抢抓机遇,直面挑战,取得了健康养老不断开创新局面的可喜成绩。

第一节　宁波概况

宁波是中国首批对外开放的沿海港口城市、副省级市、计划单列市、有立法权的"较大的市",长三角南翼经济中心,还是"国家历史文化名城""全国文明城市""国家卫生城市""国家森林城市""首批国家创新型试点城市",地处浙江省东北部、长江三角洲东南部、浙江宁绍平原东端,东与舟山市定海区、普陀区(舟山群岛)隔海相望,东南濒东海,南临三门湾与台州市三门县隔湾相望,西南与台州市天台县相望,西接绍兴市新昌县、嵊州市、上虞区,西北、北与嘉兴市海盐县、平湖市隔杭州湾相望,东北与舟山市岱山县隔海相望。明洪武十四年(1381年)为避国号讳,取"海定则波宁"意,改明州府为宁波府而得名。宁波简称"甬","甬"是古代大钟的象形字,在鄞州区、奉化区交界处有山像覆置大钟,称甬山,因山名境域内通海江流称为甬江,甬江流经之地为"甬"地①。

1949 年 5 月宁波解放。浙江省第二区专员公署成立,划鄞县城区及近郊设省辖宁波市,成立宁波市人民政府。

1983 年撤销专署,实行市管县体制,随着北仑深水良港的开发建设,宁波逐渐由内河城市向海港城市演变,并形成三江片、镇海片、北仑片相对独立的滨海临江发展空间格局。

1986 年,宁波被列为全国第二批历史文化名城。

1987 年,经国务院审核,成为计划单列市。

1988 年 3 月,批准为有制定地方性法规权限的较大的市。

1994 年,宁波发展为中国副省级城市②。

2016 年 10 月,撤销宁波市江东区,将原江东区管辖的行政区域划归宁波市鄞州区管辖;将宁波市鄞州区的集士港镇、古林镇、高桥镇、横街镇、鄞江镇、洞桥镇、章水镇、龙观乡、石碶街道划归宁波市海曙区管辖;撤销县级奉化市,设立宁波市奉化区,以原县级奉化市的行政区域为奉化区的行政区域③。

第二节　宁波经济发展情况

2020 年宁波实现地区生产总值 12408.7 亿元,同比增长 3.3%,第一产业实现增加值 338.4 亿元,增长 2.1%;第二产业实现增加值 5693.9 亿元,增长 3.0%;第三产业实现增加值 6376.4 亿元,增长 3.6%。三次产业之比为 2.7:45.9:51.4。一、二、三产对 GDP 增长的贡献率分别为 1.7%、44.5% 和 53.8%④。由宁波自身纵向分析,经济发展稳步提升,特别是第三产业占比快速提升,为养老服务业发展也打下了良好基础。但是从区域地缘环境,以及周边同级别城市横向对比分析,宁波经济社会发展存在不确定因素,给养老服务业发展带来挑战。

---

① 宁波市地方志编纂委员会.宁波市志(1995)[M].北京:中华书局,1995.

② 同上。

③ 中华人民共和国民政部.国务院关于同意浙江省调整宁波市部分行政区划的批复(国函〔2016〕158 号)[EB/OL].(2016-09-08)[2020-12-02].http://xzqh.mca.gov.cn/description? dcpid=2016.

④ 宁波市统计局,国家统计局宁波调查队.2020 年宁波市经济运行新闻发布稿[EB/OL].(2021-01-26)[2021-02-04].http://zjzd.stats.gov.cn/nb/tcfb/202102/t20210201_98930.shtml.

港口地缘优势下降,长三角"虹吸效应"增强。自 2001 年中国加入世界贸易组织以来,宁波市外贸依存度不断提升,特别是 10 年间外贸依存度从 56.2％上升到 2011 年的近 110％[①]。因美国金融危机、欧洲债务危机,以及全球经济衰退,复苏乏力的影响,宁波外贸依存度 2016 年退回到 51％,特别是中美贸易摩擦持续升级,港口地缘优势明显下降。同时,受到长三角优势城市吸引,大量人才、项目、企业因工资、社会公共服务、工作环境优势,不断涌向上海、杭州、苏州、南京等城市,宁波受到"虹吸效应"的负面影响不断增加。

经济总量有限,增长乏力。宁波地区生产总值在全国排名靠前,但同周边城市相比,在总量和增长速度上都有差距。例如自 2011 年以来,宁波与杭州的差距逐步扩大,近 10 年来地区生产总值平均增长率落后 2 个百分点,并且被武汉、成都、南京、青岛、无锡、长沙、佛山等城市反超,严重削弱了高端产业流入宁波的信心。

第三节 宁波老龄化情况

人口老龄化是指总人口中年轻人口数量减少,年长人口数量增加而导致老年人口比例相应增长的动态过程[②]。在 1982 年"世界老龄问题大会"上,老年人的年龄被限定为 60 岁。各国人口年龄类型就以 60 岁及 60 岁以上老年人口的比例来划分。国际上通常把 60 岁及 60 岁以上老年人口的比例在 10％以上定义为老年型社会。2006 年《国务院办公厅转发全国老龄委办公室和发展改革委等部门关于加快发展养老服务业意见的通知》(国办发〔2006〕6 号)指出,中国 60 岁以上的老年人口已达 1.43 亿,占总人口的 11％,我国已迈入老年型社会。

宁波作为全国重要港口城市,人口老龄化进入时间早、程度深,于 1987 年就步入老龄化社会,先于全国 12 年。截至 2019 年底户籍老年人占比已达 25.6％,2025 年将达到 33％,其中"空巢、独居、高龄、失能"老年人占比呈上升趋势。

宁波人口老龄化形势严峻。从全国以及浙江省范围分析,宁波人口老龄化进入早、程度高、速度快的特点明显(见表 1-1)。

---

① 杨舒涵.宁波外贸现状与问题对策研究[D].宁波:宁波大红鹰学院,2012.
② 邬沧萍.老年社会学[M].北京:中国人民大学出版社,1999.

表 1-1　人口老龄化趋势

区域	进入年份	老年人口系数/%		老龄化增速	
		2014 年底	2019 年底	近 5 年年均增速/(%/年)	2019 年增幅/%
全　国	1999 年	15.5	18.1	0.52	0.2
浙江省	1990 年	19.4	20.6	0.24	1.0
宁波市	1987 年	21.5	25.6	0.82	0.5

从宁波区域老龄化状况分析,"四个化""两个不平衡"特性突出。加速老龄化,老年人口平均年增速是总人口年增速的 10 倍,2019 年达到 20 倍;老人高龄化,2019 年,80 岁以上高龄老人占老年人口总数的 14.1%;高龄失能化,2017年有失能半失能老人近 13.3 万,占老年人总数的 9.6%;家庭空巢化,2019 年,全市纯老家庭老年人数 57 万,占老年人口总数的 36.5%。区域不平衡,镇海区、余姚市老年人口系数超过 25%,宁海县老年人口系数明显低于 25%;城乡不平衡,农村老年人口 60 万,占老年人口总数的 38.46%,农村老年人口系数为37.35%,城镇老年人口系数为 21.44%[①]。

因此,宁波养老服务经历着"未富先老"和"未备先老"双重挑战并存的局面。发达国家进入老龄社会时人均 GDP 一般都在 1 万美元。宁波同全国一样,进入老龄社会时人均 GDP 还不足 1000 美元。养老服务业滞后于人口老龄化的要求和经济社会的发展,养老陷入多重困局。每百名老人拥有机构床位数远低于发达国家,"一床难求"现象突出。

第四节　宁波养老服务发展情况

养老服务是一项夕阳事业,同时也是朝阳产业。随着家庭小型化、代际居住方式由共居转向分居、人口流动加快等社会因素的影响,传统家庭养老功能日益弱化,社会养老服务需求不断增长,宁波养老服务由新中国成立初沿袭家庭养老为主,到 21 世纪不断完善政策制度支撑体系,构建了覆盖所有老年人的养老服务项目,有效促进了养老服务事业和产业的发展。

---

① 宁波市统计局,国家统计局宁波调查队.2019 年宁波市国民经济和社会发展统计公报［EB/OL］.（2020-03-16）［2021-02-07］. http://tjj. ningbo. gov. cn/art/2020/3/16/art_1229042825_43281777. html.

一、启动"三无""五保"老年人集中供养阶段

新中国成立前传统家庭养老模式传承几千年,新中国成立至 2003 年,政府供养"三无""五保"对象主要以村(居委会)为单位,由村和乡镇(街道)提供粮油、燃料、服装、被褥及零用钱,有病及时治疗,死后妥善办理丧葬事宜。以家庭式分散养老为主,部分对象集中在福利院由政府供养。2001 年,宁波市率先制订了《宁波市老龄事业发展"十五"规划》,明确"十五"期间"要加快发展老年服务业,建立和完善老年社会照料服务网络"。2003 年 4 月,宁波市下发了《关于进一步加强农村五保集中供养工作意见的通知》(甬政办发〔2003〕86 号),提出了"五保对象集中供养率要达到 85％以上"的工作目标,从而开始了一轮的集中供养基础设施建设。2004 年,宁波把敬老院等基础设施建设列入市政府实事工程,养老服务从传统家庭救济型向社会福利机构集中供养型推进。

二、启动"居家""社区"养老服务阶段

2006 年末,宁波 60 周岁以上老年人口已达到 84.08 万人,占全市总人口的14.93％,比全国高出近 4 个百分点。宁波出台了《宁波市"十一五"民政事业规划》和《宁波市老龄事业发展"十一五"规划》,明确要求制订完善养老服务业的政策措施,建立以居家养老为基础,社区服务为依托,机构养老为补充,各类养老机构协调发展的养老服务体系。2007 年《宁波市政府办公厅关于加快发展养老服务业的实施意见》(甬政办发〔2007〕67 号)发布,主要围绕"健全养老服务体系"和"养老服务事业发展的政策扶持"提出了一系列要求,并指出"养老服务业是为老年人提供生活照料和护理服务,满足老年人特殊生活需求的服务行业",明确养老服务逐步向全社会推进,制定了一系列鼓励养老服务的政策措施。同时,积极开展社区居家养老服务试点工作,先后出台《关于推进居家养老服务工作的若干意见》《关于促进居家养老服务规范运作的指导意见》《关于推进农村居家养老服务工作的指导意见》《城市社区居家养老服务工作绩效评估办法》《居家养老服务机构等级评定规范》《居家养老服务机构等级评定规范》等一系列制度和政策,海曙区作为宁波的中心城区,在全区 65 个社区摸索居家养老模式。从而,养老服务逐步从封闭的集中供养型向开放社会补缺型转变。海曙区作为宁波的中心城区,在全区 65 个社区摸索居家养老模式。

三、启动"专业化"管理、"市场化"运作阶段

2009 年,宁波市民政局在宁波市社会福利中心增挂"宁波市社会养老服务指导中心"牌子。根据浙江省民政厅要求,下发《关于下达 2009 年养老服务体

系建设项目任务的通知》，推进养老服务指导中心、乡镇（街道）养老服务中心、城市社区居家养老服务站、农村社区"星光老年之家"的建设。2011 年，根据浙江省政府养老服务管理"有机构、有职责、有编制、有人员、有场地、有经费"的要求，宁波市机构编制委员会办公室下发了《关于宁波市社会福利中心增挂宁波市社会养老服务中心牌子的批复》（甬编办事〔2009〕67 号），该中心增加单位领导副职职数 1 名，增设养老指导科，增加中层职数 2 名。2010 年机构改革时，宁波市民政局增设了社会福利和慈善事业促进处。这些举措为养老服务管理专业化奠定了基础。

2010 年 1 月，由于养老机构中未注册登记的占总数的 71.8%，宁波市政府办公厅出台了《关于做好现有养老服务机构登记管理工作的通知》（甬政办发〔2010〕18 号），规定对尚未办理法人登记、床位数在 30 张（含）以上的养老服务机构，区分福利性、非营利性和营利性等不同性质，分别按照规定办理事业单位法人登记、民办非企业法人登记或工商登记；对床位数在 30 张以下的养老服务场所，按照属地管理原则由乡镇（街道）进行备案登记，纳入规范管理，较好地解决了宁波市养老机构尤其是乡镇敬老院多年来悬而未决的登记问题。8 月出台了《关于加快养老服务体系建设的意见》（甬政发〔2010〕77 号），该文件从床位建设补贴、土地优先划拨、规费减免等方面提出了一系列优惠政策，鼓励社会力量参与养老服务业和养老服务体系建设。11 月，宁波市民政局下发《关于印发宁波市养老机构管理基本规范（试行）的通知》（甬民发〔2010〕134 号），着重对养老机构的设置、设施设备和环境的建设、内部管理以及队伍建设等方面进行了具体的规定。又与宁波市财政局联合下发了《关于印发〈宁波市民办养老机构市级专项补助资金使用管理办法〉的通知》（甬财政社〔2010〕1341 号）。

2012 年 8 月，宁波市政府出台了《关于深化完善社会养老服务体系建设的意见》（甬政发〔2012〕85 号），从土地保障、资金补助、服务补贴、人才培训、税费减免等方面推出了一系列优惠扶持政策，扶持力度位于全省前列。市政府办公厅下发了《关于宁波市社会养老服务体系建设三年行动计划》（甬政办发〔2012〕187 号），推动全市社会养老服务事业更快、更稳、更好地发展。9 月，宁波市委、市政府组织召开了社会养老服务体系建设推进大会，制定出台了《关于深化完善社会养老服务体系建设的意见》（甬政发 2012 年 85 号），下发了《宁波市社会养老服务体系建设三年行动计划》（甬政办发 2012 年 152 号），提出了加快发展养老服务事业，把发展养老服务事业放在与教育、医疗卫生同等重要的位置抓实抓好，满足不断增长的社会养老服务需求，服务对象面向全社会老年人，养老服务向适度普惠型转变。

2013 年 3 月，宁波市民政局与市工商局联合下发了《关于营利性民办养老服务机构审批和登记有关问题的通知》（甬民发〔2013〕23号），率先设置了"养老服务"工商登记类别，解决了营利性民办养老机构登记难题。6月，宁波市民政局与市卫生局、市财政局联合下发《关于印发〈宁波市养老服务补贴资格评估办法（试行）〉的通知》（甬民发〔2013〕79号）和《关于印发〈宁波市养老服务补贴实施办法（试行）〉的通知》（甬民发〔2013〕80号），开始实施养老服务需求评估，推进低收入家庭中的失能、失智老人和高龄、独居老人养老服务补贴制度。11月，宁波市民政局与市财政局联合下发《关于印发〈宁波市社会养老服务体系建设市级专项资金使用管理办法〉的通知》（甬民发〔2013〕121号）。12月，宁波市民政局与市质监局联合发布了《居家养老服务机构等级规范》（宁波市地方标准规范 DB3302/T 1014—2013）。

2014年1月，宁波市民政局与市规划局联合编制的《宁波市养老服务设施布局专项规划（2012—2020）》公布实施，确定了城区养老服务设施建设布点；又会同市公安消防支队联合下发了《全市养老机构消防安全大排查大整治活动工作方案》，按照"四个相结合"（养老机构自查与部门联合检查相结合、强化消防安全意识与提高消防技能相结合、限期整改与长效管理结合、落实责任与行政许可相结合）的原则，对全市233家养老机构开展了消防安全隐患大排查大整治行动，全市养老机构全年没有发生消防安全事故。7月，宁波市政府出台了《关于进一步鼓励民间资本投资养老服务业的实施意见》（甬政发〔2014〕68号），从用地政策、财政扶持、金融保障、医养融合等7个方面鼓励民间资本投资养老服务业，政策有不少突破；同时配套出台了推进区域性居家养老服务中心建设以及养老服务机构政策性综合保险、纠纷预防和处置、医保定点管理等一系列具体政策。8月，宁波市民政局下发《关于规范宁波市社会福利院入住管理工作的通知》（甬民发〔2014〕101号），建立了公办养老机构入住评估制度，重点保障城乡特困对象、重点优抚对象以及低保、低保边缘等9类困难家庭老年人的基本养老问题。12月，宁波市民政局下发了《关于印发〈宁波市养老服务机构政策性综合保险方案〉的通知》（甬民发〔2014〕137号）；与市公安局、市司法局联合下发《关于印发〈宁波市养老服务机构纠纷预防与处置暂行办法〉的通知》（甬民发〔2014〕135号）；与市质监局联合发布了宁波市地方标准规范《养老机构服务规范》（DB3302/T 1064—2014）和《养老机构等级划分规范》（DB3302/T 1065—2014），对养老机构的设施建设、内部管理和人员配置等提出了具体的标准和要求，规范各类养老机构的建设、管理、服务行为。

2015年，关于养老服务的政策进一步完善，先后出台的文件有：宁波市民政局与市财政局、宁波保监局、市老龄办联合印发的《关于印发〈宁波市养老服务机构政策性综合保险的实施意见〉的通知》（甬民发〔2015〕15号），宁波市民政局与市物价局联合下发的《关于印发宁波市养老服务收费管理暂行办法的通知》（甬价费〔2015〕14号），宁波市民政局与市财政局联合下发的《关于印发〈宁波市政府购买养老服务实施办法〉的通知》（甬财政发〔2015〕547号），宁波市民政局与市财政局联合下发的《关于印发〈宁波市社会养老服务体系建设市级专项资金使用管理办法〉的通知》（甬财政发〔2015〕548号），宁波市民政局与国家开发银行宁波分行联合下发的《关于落实〈开发性金融支持宁波市养老服务业发展合作协议〉的通知》（甬民发〔2015〕69号）等。

2007年至2015年，宁波连续9年将养老服务工作列入市政府实事工程，一批重大养老机构建设项目相继立项、开工或完工。全市福彩公益金共投入约2亿元资金用于养老福利院和基层敬老院建设，投入约3300万元补助居家养老服务网点建设；市、县两级财政投入近15亿元用于养老服务机构设施建设，投入1亿多元用于居家养老服务。

四、启动"体系化"建设、"服务质量"提升阶段

《宁波市"十三五"养老服务业发展规划》公布数据显示：截至2015年底，宁波有社会养老床位46439张，每百名老年人拥有社会养老床位3.6张，其中民办养老床位21728张，占总床位的46.79%。有养老机构245家，其中民办机构104家，建有各级各类居家养老服务中心（站）2308个，其中城市社区站点456个、农村站点1817个、区域性居家养老服务中心35个，服务设施覆盖82%的城市社区和72%的行政村。宁波养老服务政策制度基本建立，养老机构"一床难求"的局面基本扭转，制约养老服务瓶颈难题基本破解，养老服务人才培养模式基本建立。

"十三五"时期，宁波推动多层次养老服务供给体系建设，推动适度普惠的养老服务保障体系建设，完善医养结合服务体系，健全养老服务要素支撑体系，大力发展养老服务产业体系，基本实现服务主体从政府主导到发挥社会力量的主体性作用的转变，服务保障从补缺型向适度普惠型的转变，服务方式从粗放式向标准化、精细化、智能化、多元化的转变。

2016年4月，《宁波市养老机构等级评定管理办法》（甬民发〔2016〕36号）发布，该办法由正文和附件两部分组成。其中正文包括目的和依据、适应范围、基本条件、等级标准、评定原则、经费保障、评定机构、组织实施、建立专家库、评定方式、评定内容、评定程序、等级管理和附则等17个条目；附件为《养老机构等级评定申请表》《养老机构基本情况表》《养老机构等级评定指标明细表》《养老机构等级评定基本指标评分表》和《养老机构等级评定综合指标评分表》等5个附表。其中《宁波养老机构等级评定管理办法（试行）》在国内已有相关办法

基础上,在具体评定细则和侧重点上都有了进一步改进和提升。该办法施行后,在宁波市民政局主导下,2016年至2018年连续开展了三轮养老机构等级评定工作,有效促进了养老服务质量提升。

2017年底,《宁波市大中专院校毕业生创业和入职养老服务机构补助办法》(甬民发〔2017〕137号)发布,旨在进一步健全大中专毕业生从事养老服务工作的长效机制,更好地发挥养老服务专业人才的积极作用,推进养老服务业健康发展。该办法拓展了《宁波市老年服务与管理类专业毕业生到养老机构入职奖补办法》(甬民发〔2014〕130号)奖补范围,并新增在校大学生或毕业5年以内的高校毕业生在宁波市初次创办的养老服务机构创业补助。

2018年3月,经浙江省第十三届人民代表大会常务委员会第二次会议于2018年3月31日批准,宁波市人民代表大会常务委员会颁布《宁波市居家养老服务条例》,加强政策创制,完善服务设施,扩大服务内容,提升服务质量,着力构建全方位、多层次、优质化的居家养老服务体系。并在12月底前先后发布《宁波市人民政府关于贯彻落实〈宁波市居家养老服务条例〉的实施意见》(甬政发〔2018〕72号)、《宁波市老年人意外伤害保险方案》(甬民发〔2018〕146号)、《宁波市居家养老服务补助实施办法》(甬民发〔2018〕148号)、《宁波市老年人生活能力评估办法》(甬民发〔2018〕150号)、《宁波市居家养老服务行政处罚裁量权细化量化参考标准(试行)》(甬民发〔2018〕164号)、《关于规范老年人生活能力评估机构管理的指导意见》(甬民发〔2018〕157号),进一步完善了居家养老服务制度体系。

2019年3月,宁波市民政局与宁波市财政局发布《关于调整全市高龄老人生活津贴发放标准的通知》(甬民发〔2019〕9号),将100周岁(含)以上高龄老人的生活津贴标准由原每人每月300元提高到每人每月800元;7月,宁波市民政局、宁波市卫生健康委员会、宁波市应急管理局、宁波市市场监督管理局等四部门联合发布《宁波市2019年养老机构服务质量建设专项行动实施方案》(甬民发〔2019〕76号),进一步解决影响养老机构服务质量的突出问题,进一步加强养老机构标准化、专业化、信息化建设,持续推进全市养老机构服务质量管理迈入长效机制建设新阶段,辐射带动养老机构服务质量持续改善,社会对养老服务满意度持续提升,老年人获得感、幸福感、安全感持续增强。

2020年9月,宁波市民政局、宁波市公安局、宁波市司法局、宁波市财政局、宁波市人力资源和社会保障局、宁波市医疗保障局、宁波市农业农村局、宁波市文化广电旅游局、宁波市卫生健康委等9部门联合发布《宁波市加强农村留守老年人关爱服务工作实施意见》(甬民发〔2020〕93号),旨在进一步加强农村留守老年人关爱服务工作,营造为老、助老、孝老、敬老的良好氛围,提升农村留守老年人的获得感和幸福感,力争到 2022 年,与宁波经济社会发展相协调,与高水平全面建成小康社会相适应的农村留守老年人关爱服务体系全面建成,家庭尽责、基层主导、社会协同、全民行动、政府支持保障的农村留守老年人关爱服务工作机制有效运转,养老、孝老、敬老的氛围更加浓厚,关爱服务普遍开展,农村留守老年人幸福感、获得感明显增强。2020 年 8 月,宁波市民政局、宁波市住房和城乡建设局、宁波市卫生健康委员会、宁波市市场监督管理局、宁波市消防救援支队等 5 部门发布《宁波市 2020 年养老机构服务质量建设专项行动实施方案》(甬民发〔2020〕90 号),实施养老机构质量标杆引领计划,全面提升养老机构标准化、诚信化、品牌化水平,推进养老护理员职业能力建设。2020 年 6—7月,还发布了《宁波市"爱心车轮"老年送餐车管理办法》(甬民发〔2020〕67 号)、《关于特困人员供养服务设施(敬老院)改造提升工程的实施意见》(甬民发〔2020〕84 号)、《宁波市养老机构消防安全专项整治提升三年行动工作方案》(甬民发〔2020〕87 号),从硬件设施建设制度方面强化养老服务保障体系。

表 1-2 汇总了宁波市 2014—2021 年的主要养老服务政策文件。

表 1-2　宁波市主要养老服务政策文件汇总(2014—2021 年)

政策文件名称	文　号	发布部门	备　注
宁波市居家养老服务条例	浙江省第十三届人民代表大会常务委员会第二次会议于 2018 年 3 月 31 日批准	宁波市人民代表大会常务委员会	2018 年 10 月 1 日起施行
关于开展宁波市养老护理员职业技能等级认定试点工作的通知	甬民发〔2021〕2 号	宁波市民政局 宁波市人力资源和社会保障局	
宁波市加强农村留守老年人关爱服务工作实施意见	甬民发〔2020〕93 号	宁波市民政局 宁波市公安局 宁波市司法局 宁波市财政局 宁波市人力资源和社会保障局 宁波市医疗保障局 宁波市农业农村局 宁波市文化广电旅游局 宁波市卫生健康委员会	

政策文件名称	文　号	发布部门	备　注
宁波市 2020 年养老机构服务质量建设专项行动实施方案	甬民发〔2020〕90 号	宁波市民政局 宁波市住房和城乡建设局 宁波市卫生健康委 宁波市市场监督管理局 宁波市消防救援支队	
宁波市养老机构消防安全专项整治提升三年行动工作方案	甬民发〔2020〕87 号	宁波市民政局 宁波市消防救援支队	
关于特困人员供养服务设施(敬老院)改造提升工程的实施意见	甬民发〔2020〕84 号	宁波市民政局 宁波市发展和改革委员会 宁波市财政局	
宁波市"爱心车轮"老年送餐车管理办法	甬民发〔2020〕67 号	宁波市民政局	
宁波市关于加快发展老年教育的实施意见	甬教终民〔2019〕272 号	宁波市教育局 中共宁波市委宣传部 中共宁波市委老干部局 宁波市民政局 宁波市财政局 宁波市人力资源和社会保障局 宁波市文化广电旅游局 宁波市卫生健康委员会 宁波市科学技术协会	
宁波市 2019 年养老机构服务质量建设专项行动实施方案	甬民发〔2019〕76 号	宁波市民政局 宁波市卫生健康委员会 宁波市应急管理局 宁波市市场监督管理局	
关于调整全市高龄老人生活津贴发放标准的通知	甬民发〔2019〕9 号	宁波市民政局 宁波市财政局	2019 年 4 月 4 日起执行
宁波市居家养老服务行政处罚裁量权细化量化参考标准(试行)	甬民发〔2018〕164 号	宁波市民政局	2019 年 2 月 1 日起实施
宁波市老年人生活能力评估办法	甬民发〔2018〕150 号	宁波市民政局 宁波市财政局 宁波市人力资源和社会保障局	2019 年 1 月 27 日起施行

政策文件名称	文 号	发布部门	备 注
关于规范老年人生活能力评估机构管理的指导意见	甬民发〔2018〕157号	宁波市民政局	2019年1月25日起施行
宁波市居家养老服务补助实施办法	甬民发〔2018〕148号	宁波市民政局 宁波市财政局 宁波市卫生和计划生育委员会	2019年1月10日起施行
宁波市老年人意外伤害保险方案	甬民发〔2018〕146号	宁波市民政局	2018年11月7日起施行
宁波市人民政府关于贯彻落实《宁波市居家养老服务条例》的实施意见	甬政发〔2018〕72号	宁波市人民政府	
宁波市大中专院校毕业生创业和入职养老服务机构补助办法	甬民发〔2017〕137号	宁波市民政局 宁波市财政局 宁波市教育局 宁波市人力资源和社会保障局	2018年2月7日起施行
宁波市养老机构等级评定管理办法	甬民发〔2016〕36号	宁波市民政局	2016年5月27日起施行
宁波市养老服务机构政策性综合保险方案	甬民发〔2014〕137号	宁波市民政局	2015年2月8日起施行
宁波市养老服务机构纠纷预防与处置暂行办法	甬民发〔2014〕135号	宁波市民政局 宁波市公安局 宁波市司法局	2015年1月30日起施行
宁波市老年服务与管理类专业毕业生到养老机构入职奖补办法	甬民发〔2014〕130号	宁波市民政局 宁波市财政局 宁波市教育局 宁波市人力资源和社会保障局	2015年1月26日起施行
关于加强高龄老人生活津贴发放管理工作的意见	甬民发〔2014〕93号	宁波市民政局	2014年9月1日起施行
宁波市居家养老服务机构等级评定办法	甬民发〔2014〕33号	宁波市民政局 宁波市质量技术监督局	2014年3月26日起施行

备注:根据宁波市民政局、宁波市教育局等官网公布信息整理。

第二章　宁波居家养老

居家养老服务机构是承接居家养老服务的重要载体,不断推动居家养老服务机构建设发展是贯彻习近平总书记"构建以居家为基础、社区为依托、机构为补充、医养相结合的养老服务体系"指示精神,以及具体落实《宁波市居家养老服务条例》要求的重要抓手。宁波市 2019 年服务业生产总值(GDP)占比为51.4%,比全国低 2.5%,有较大提升空间①。在宁波市老龄化程度达到25%以上的现阶段,养老服务消费将成为宁波市区域服务业发展的新增长点。但是,宁波市居家养老服务机构能否在现有基础上,做出成效,精准惠及民生,形成社会经济新的增长点,亟须对其运营存在的问题进行调研分析,借鉴境内外理论和实践经验,提出符合宁波区域乃至全国居家养老服务机构实际的运营机制建设策略。

第一节　居家养老服务机构研究与实践

伴随着居家养老服务的发展,相关理论研究也不断涌现,有力推动了居家养老机构的进一步建设,形成了"建设—研究—指导建设"的良性发展链条。

(一)国内研究概况

1.居家养老相关概念研究

陈大亚提出"所谓居家养老,就是以家庭养老为主,社会养老为辅的养老模

---

① 国家统计局.中华人民共和国 2019 年国民经济和社会发展统计公报[EB/OL].(2020-02-28)[2020-12-04].http://www.stats.gov.cn/tjsj/zxfb/202002/t20200228_1728913.html.

式。就是要积极调动社会各方面的力量,组成一个最符合老人意愿的、一个最有利于保持和加强老年人的自助能力的、一个最切实可行的和一个最有效的养老保障体系"①。张卫东则认为"居家养老的家不是一个物理空间概念,而是具有人文关怀、情感交流,同时具备物质养老和精神养老的社会环境。缺乏心理沟通和精神抚慰的'空巢家庭',不符合居家养老模式中的'家'的概念涵义"②。

2.居家养老相关理论研究

吕津阐述了养老服务产业理论对养老服务的产业化和社会化理论支撑和实践指导。在凯恩斯社会照料理论的指导下,他认为"政府是养老服务体系的组织者,在居家养老服务组织层次的设计上,政府的推动、引导作用,是这项工作的初始动力,贯穿于组织、规划、运行、监控各个环节和过程"③。董春晓运用福利多元化理论,分析了居家养老服务中非政府组织、社区居委会、企业、社区医院以及政府角色与功能,提出"政府宜由服务直接供给转向着重于扮演财务、规制及监督评估的角色"④。

3.居家养老服务典型案例研究

吴玉霞总结分析了宁波、南京、上海等地居家养老服务实际运行的情况。在详细分析宁波海曙区政府购买居家养老服务的实践成果后,吴玉霞认为,政府购买居家养老服务的政策既减轻了政府的财政压力,又提高了服务效率,增加了社会的福利总量。⑤张波提出了我国居家养老的上海、南京、大连和宁波模式,并分析了这几种模式在组织管理、运行机制、资金来源、监督评估等方面的特点⑥。

4.居家养老服务政府职能研究

孙慧峰认为居家养老是社会工作的一部分,要承载政府的意志和其倡导的社会价值观念,并将政府职责概括为倡导示范、发布规划、政策扶持、监督评估、

① 陈大亚.家庭养老问题探讨[J].航天工业管理,1998(9):11-12.

② 张卫东.居家养老模式的理论探讨[J].中国老年学杂志,2000(2):120-122.

③ 吕津.中国城市老年人口居家养老服务管理体系的研究[D].长春:吉林大学,2010.

④ 董春晓.福利多元视角下的中国居家养老经验探析[J].改革与开放,2011(14):164-165.

⑤ 吴玉霞.政府购买居家养老服务的政策研究[D].杭州:浙江大学,2006.

⑥ 张波.中国居家养老典型实践模式的比较研究[J].江汉学术,2013,32(4):14-18.

整合资源五个方面①。王裔艳考察了上海地方政府在居家养老服务体系中承担的具体职能，并以图表的形式指出我国政府在城市社区居家养老服务中应承担的主要职能是管理、规划、推进和监督等②。

5.居家养老服务内容研究

江海霞、陈雷提出老年人需要物质保障、生活照料、健康护理服务及精神慰藉等方面的服务③。章晓懿、刘帮成认为老年人居家养老服务内容包括生活照顾、医疗护理和精神慰藉三个方面，现阶段切实开展的是生活照顾服务中的助餐服务、助洁服务、助医服务和康乐服务等基础性服务④。

6.居家养老服务评估体系研究

章晓懿等提出根据新公共管理理论、项目管理原理和个案管理方法三种理论构建城市居家养老评估体系⑤。包国宪、刘红芹提出通过投入、产出和效果的绩效三要素来测度政府购买的居家养老服务⑥。

7.养老机构运营机制研究

养老机构运营机制主要集中在福利化和市场化的探讨两个方面，其中刘霞分析论述了养老机构运行机制市场化的原因和具体策略⑦，何妮娜⑧、赵婷婷⑨也对养老机构市场化进行了理论层面的阐述；韩品嵋⑩则结合具体实践，提出了"人本营销"的具体市场化策略。刘向杰则提出了养老服务产品市场化的思路，

① 孙慧峰.我国居家养老服务体系中政府的职责定位研究[J].兰州学刊,2010(4):86-89.

② 王裔艳.上海居家养老服务中政府职能分析[J].发展研究,2013(7):94-101.

③ 江海霞,陈雷.养老保障需求视角下的城市空巢老人居家养老服务模式[J].前沿,2010(3):155-159.

④ 章晓懿,刘帮成.社区居家养老服务质量模型研究——以上海市为例[J].中国人口科学,2011(3):83-92,112.

⑤ 章晓懿,杨培源,等.城市居家养老评估指标体系的探索[M].上海:上海百家出版社,2007.

⑥ 包国宪,刘红芹.政府购买居家养老服务的绩效评价研究[J].广东社会科学,2012(2):15-22.

⑦ 刘霞.养老机构运行机制市场化的思考[J].江南论坛,2002(5):38-39.

⑧ 何妮娜.我国养老机构运行机制市场化趋势与展望[J].西安电子科技大学学报(社会科学版),2006(4):32-36.

⑨ 赵婷婷.我国养老机构的地位、性质及运行方式研究[J].社会工作,2012(5):79-84.

⑩ 韩品嵋.养老机构市场化的运行机制[C]//江苏老龄问题研究论文选集(2000—2004).江苏省老年学学会,2005:7.

研究了在政府财政不足的情况下所采用的三种不同的补贴模式①。

关于居家社区养老服务运营也有一些研究。卢立群总结提炼出社区养老服务中心存在资金投入不足、养老基础设施建设落后,社区养老资源分散、缺乏有效的整合机制,养老服务内容不完善、服务功能不够细化,服务人员队伍建设滞后、整体素质亟待提高等方面的问题。作者提出了政府提升重视程度和投入足够经费,引进社会投资主体、完善管理制度等应对策略②。赵敏认为上海居家养老服务发展存在运行机制不健全、市场发展不成熟、供给能力不充足、人员队伍不稳定等问题与挑战。作者在借鉴发达国家和地区开展居家养老服务的成功经验与主要做法的基础上,提出建立健全上海居家养老服务运行机制,要遵循运作市场化、管理信息化、服务专业化的发展思路,理顺政府与市场关系,充分发挥市场的决定性作用和社会力量的主体作用,注重专业服务与养老需求相衔接、保障政策与服务项目相匹配③。

(二)国外研究实践概况

相对国内居家养老服务发展,国外发达国家在这方面有了较为成熟的研究实践,形成了系统的运营机制。

1.监管完善,形成全面的居家养老服务运营约束机制

澳大利亚政府于 1992 年颁布全国性投诉政策,要求各地建立客户投诉机制,快速、公平地处理争端,并不得对客户及其家庭成员、照顾者产生不良影响,政府负责外部独立监督以确保投诉机制的可能性和有效性。美国把确保合格护理人员充足性视为"提供者资质"形式的投放标准,配合实施公营计划,针对处理健康护理服务提供商,构建包括护养院及家居健康护理的质量检测及汇报机制。日本政府在居家养老服务体系中既扮演福利资金主要供给者角色,又扮演规制与监督者角色。2011 年通过《护理保险法》修改案,为给居家老年人提供更好的服务并抑制保费增加,全面启动 24 小时居家访问新服务。

2.广泛筹资,形成全面的居家养老服务运营激励机制

发达国家和地区养老服务在资金筹措上往往以"公共"模式运作,即由高税

---

① 刘向杰.养老服务机构市场化的政府补贴机制研究[J].技术经济与管理研究,2015(8):76-80.

② 卢立群.社区养老服务中心良性运营的问题及对策研究[D].大连:东北财经大学,2015.

③ 赵敏.上海居家养老服务运行机制研究[D].上海:上海师范大学,2015.

制(如北欧)或社会保险制度融资(如德国、日本)。美国老人习惯采用"私人保险"形式购买健康或长期护理保险,支付服务费用。公款资助模式亦分为"全民性"及"选择性"(特定受惠组别,常通过经济状况评审机制甄选)两种。在成本分担方面,多数情况下个人需承担长期护理服务费用,通过支付保险费"补差额"。

3. 资源整合,形成规范的居家养老服务运营决策机制

国外成功的居家社区照顾服务计划有美国老人全包式照护计划、澳大利亚社区养老照顾计划等,它们在发展居家养老服务过程中强化政府责任和投入,完善国民健康政策,鼓励社会参与,特别注重打包不同渠道的养老服务资源,使其发挥"集成效应",与之配套的则是集约化管理,如美国有健全的老龄工作机构,包括联邦老龄署、56 个州级老龄局、655 个地方老龄局(办)、243 个原著部落老龄组织及 29000 个经注册的老龄服务机构,专门负责养老事务。

4. 评估筛选,形成科学的居家养老服务运营营销机制

大部分提供公共财政资助长期护理服务的国家如澳大利亚、荷兰都会在提供服务前先要老人接受评估,其目的是让公共财政资助服务照顾真正有护理需要的老人。这些国家同时向老人提供中心为本及家居为本的服务。中心为本服务包括日间护理、暂托服务甚至晚间照顾服务,照顾老人的康复及社交需要;家居照顾服务则由最低层次的老人保姆、家居清洁及交通服务至最高层次的专业服务,如护理、个人及医疗服务,协助老人避免不必要地入住机构养老院。

目前国内专门研究居家养老服务机构运营机制的文献比较匮乏,已有研究多集中在筹建理论、概念和规划的方面,这与国内居家养老机构刚刚起步不久的现实状况密切相关;而国外发达国家居家养老服务运营机制则相对成熟,并形成了运营约束机制、运营激励机制、运营决策机制和运营营销机制"四位一体"的运营体系,可供学习借鉴。

第二节　居家养老服务机构建设总体情况

截至 2019 年底,宁波 60 周岁及以上户籍老年人口达 156 万,占户籍人口总数的 25.6%,进入中度老龄化社会,并呈现出速度快、高龄化、失能化、空巢化特点。近 5 年宁波老年人口系数平均增长 0.82%,而全国、浙江省分别是0.52%、0.24%。截至 2020 年 6 月底,宁波 80 岁以上高龄老人 22 万,占老年人总数的 14.1%,较 2010 年初增长 47%。2010—2019 年 10 年间,宁波低龄老年

人口、中龄老年人口和高龄老年人口占总人口的比重分别从 3.68％、5.32％、2.61％上升到 14.61％、7.415、3.61％左右。随着第一次生育高峰出生人口进入高龄期，未来老年人口年龄结构中"高龄化"现象将更加凸显。此外，近 10 年宁波全市纯老家庭人口一直高于 30％，2019 年约 57 万，占老年人总数的 36.5％[①]。这些老年人半数以上都需要居家养老机构的相关服务。

一、居家养老服务机构支持政策

为积极应对老龄化，宁波市积极推行国家和浙江省各项政策，结合宁波区域发展状况，自 2006 年起，先后颁布了《关于推进居家养老服务工作的若干意见》(甬政办发〔2006〕17 号)、《关于深化完善社会养老服务体系建设的意见》(甬政发〔2012〕85 号)、《宁波市居家养老服务机构等级评定办法》(甬民发〔2014〕33 号)、《关于进一步鼓励民间资本投资养老服务业的实施意见》(甬政发〔2014〕68 号)、《宁波市居家养老服务机构建设和运营资金补助办法》(甬民计〔2015〕27 号)等一系列文件，形成了建设有规划、服务有标准、落实有扶持激励的政策支撑体系，打出了居家养老服务体系建设的组合拳，契合了"居家为基础、社区为依托、机构为补充"养老服务模式。

在应对老龄化工作落实方面，宁波市全面加强居家养老服务配套设施建设。截至 2018 年底，宁波全市建有各级各类居家养老服务机构(站)2969 个，其中服务中心 71 个、服务站 2898 个，覆盖辖区 130 万老年人[②]，基本满足了老年人居家养老服务的需要。但是，这些居家养老服务机构建设发展状况如何，具体运营中存在哪些困难和问题，如何应对存在的问题，以及如何增强居家养老服务机构服务能力、提升为老服务品质等都需要进一步探讨。

二、居家养老服务机构特色亮点

宁波于 2005 年推行政府购买居家养老服务，2008 年根据《关于开展城市社区居家养老服务工作绩效评估的通知》(甬民发〔2008〕125 号)对开展城市社区居家养老服务工作的县(市)、区，围绕工作体系建设、服务工作成效和群众满意

---

① 陈敏.宁波老年人口增速极快 每四个人中就有一位是老年人[EB/OL].(2020-10-22)［2020-12-04］. http://www. cnnb. com. cn/xinwen/system/2020/10/22/030198250. shtml.

② 周忠贤.宁波市构建"一网络三服务一保障"居家养老服务体系[EB/OL].(2020-01-16)［2020-12-05］. http://mzzt. mca. gov. cn/article/zt ＿ hlwjmzfw/mtgz/201901/20190100014458. shtml.

度测评等方面进行评价。2013年制定实施宁波市地方标准——《居家养老服务机构等级规范》(DB 3302/T 1014—2013),2014年出台《宁波市居家养老服务机构等级评定办法》(甬民发〔2014〕33号),并开始了首次居家养老服务机构等级评定工作。在评估机制推动下,宁波市居家养老服务机构逐步积累形成了一些特色亮点。

1.各级政府部门重视,基础配套设施到位

根据实地走访调查,发现各县市区对于居家养老服务站点基本条件和设施设备投入等方面均比较重视。运营登记信息齐全,用房质量好,消防符合要求,活动场所配置合理;无障碍设施、娱乐设备、书籍、休息设施、供餐设备与用餐场所等均比较完善。

2.老年人能普遍认可,居家养老意识较强

在现场调查过程中,被调查老年人普遍反馈居家养老服务机构设置合理,能够较好地满足生活需求,可以在社区就近得到养老服务,不离开家庭居住地,心里比较踏实。根据调查数据分析,有85.37%的居家养老服务机构在"设施设备、环境舒适、上门服务、助餐服务、开放服务、投诉处理、收费价格、对机构支持程度"等多方面取得了老年人100%的满意,总体情况比较好。

3.各县市区因地制宜,创新运营体制机制

宁波市12个县市区在居家养老服务机构运营过程中,根据区域老年人需求和经济社会实际情况,不断创新运营体制机制,形成了一定特色,具体情况见表2-1。

表 2-1　宁波市各县市区居家养老服务机构运营特色

县市区	运营特色
象山县	乡镇、街道中心主要由第三方运营,并承担政府购买居家养老服务项目;村集体投入大,与乡村建设结合开展运营
杭州湾新区	设置老年人厨房,强化送餐入户服务
海曙区	本土家政服务企业、机构养老单位为主承担运营管理工作,初步实现了政府购买居家养老服务项目与居家养老机构运营的融合
奉化区	运营主体呈现多元化,既有村集体、社区、老年协会,也有卫生院、养老服务公司、家政服务公司等
镇海区	街道、社区运营为主
慈溪市	设置老年人厨房,强化送餐入户服务

县市区	运营特色
鄞州区	社会化养老服务机构为主运营各站点,例如恰颐养老服务中心
余姚市	农村站点主要由村集体运营,区域性中心有乡镇街道安排人员管理运营
宁海县	村集体或老年协会为主负责运营,第三方专业公司运营站点未铺开
江北区	街道、社区/村集体运营为主,购买服务及送餐等增值服务由第三方承担
高新区	/
北仑区	公益组织——老年协会负责运营

数据来源:根据 2020 年参评 AAA 级居家养老服务机构整理。

第三节　居家养老服务机构建设运营存在的问题

宁波市民政部门提供的相关数据显示,居家养老服务机构以政府、村镇、街道社区等投资建设为主,针对经济困难又缺乏家庭有效照料的老人开展政府或集体购买补助的养老服务,形成了福利化的显著特征。但是,在养老服务产业化发展的市场经济社会背景下,由于缺乏市场化建设发展思路,宁波市居家养老服务机构建设运营发展出现了一系列亟待解决的问题。以下建设运营问题根据宁波市 AAA 级居家养老服务机构的 63 家居家养老服务机构申报材料,结合评审专家组现场考察情况,归纳总结提出。

一、政府投入为主,运营成效差

根据《宁波市居家养老服务机构建设和运营资金补助办法》(甬民计〔2015〕27 号),以及宁波市各个县市区配套办法,居家养老服务机构建设补助资金、运营管理资金、公益岗位配置补助资金 60％以上都由政府财政统一支付,形成了建设和运营都由政府买单的福利化运作模式。查阅参评 AAA 级居家养老服务机构的 63 家居家养老服务机构财务账目发现,除 2 家民营居家养老服务机构外,其余 61 家个人投入占比均为 0,以政府及集体经济投入为主。居家养老服务机构在具体运营过程中,除政府补贴外,基本没有运营资金来源,能实现收支平衡的机构不到 50％,大部分依靠政府扶持补助资金维持,运营成效差,难以持续和拓展建设发展。

二、兼职人员为主,服务能力弱

根据参评机构申报和实地评审分析,63 家居家养老服务机构共有专兼职工作人员 674 人,平均 5.5 人,其中专职养老护理员 197 人,平均 3.3 人;应服务老年人数 58770 人;专职养老护理员占比为 29.22%,专兼职工作人员与服务老年人配比为 1∶87,专职养老护理员与服务老年人配比为 1∶298;各中心可提供服务项目 8 至 10 项,平均为 9.2 项。对比实际工作需求,以及各县市区公益岗位安排 1∶10 至 1∶20 的比例,宁波市居家养老服务机构普遍存在专兼职人员不足、服务项目单一、服务能力较弱的问题。

三、救济帮扶为主,市场认可少

查阅参评的 63 家居家养老服务机构重点服务和定制服务老年人档案发现,这些被服务对象都为生活困难老年人或低保户老年人,合计 4764 人,占应服务老年人数的 8.11%。根据参评中心申报数据,63 家居家养老服务机构共有 2602 个餐位,平均每个中心具有 40 余个餐位,也主要对困难老年人或有相关补贴的老年人开放,但实际到 63 家居家养老服务机构就餐或接受送餐服务的老年人不足 1000 人。因此,宁波市居家养老服务机构现阶段的服务对象还是以需要救济的老年人为主体,有 90% 左右的老年人不认可或没有接受居家养老服务机构的服务。

四、户籍人口为主,有效覆盖低

据统计,2019 年末宁波市拥有户籍人口 608.5 万人,60 周岁及以上户籍老年人口达 156 万,占户籍人口总数的 25.6%;但是,宁波市常住人口为 940.4 万人[1],300 余万的流动人口中的老年人养老服务工作没有有效开展。以宁波市辖区慈溪市为例,2019 年末慈溪市户籍人口为 105.96 万人,60 周岁以上人口为 29.22 万人;流动人口登记在册人数为 113.24 万人,60 周岁以上流动人口就有近 2 万人[2]。居家养老服务机构重点服务和定制服务老年人均为户籍人口,

---

① 宁波市统计局,宁波市第七次全国人口普查领导小组办公室. 宁波市第七次全国人口普查主要数据公报[EB/OL].(2021-05-17)[2021-5-25]. http://www.ningbo.gov.cn/art/2021/5/17/art_1229099770_3730228.html.

② 慈溪市人民政府网站. 2019 年慈溪市国民经济和社会发展统计公报[EB/OL].(2020-03-11)[2020-12-05]. http://www.cixi.gov.cn/art/2020/3/11/art_1229036442_102909.html.

而且仅占应服务老年人数的10%左右,不仅忽略了流动人口中的老年人,而且对本户籍老年人的覆盖率也较低,距离为90%的老年人提供居家养老服务的目标还有巨大差距。

第四节 居家养老服务机构"四位一体"
运营机制建设策略

养老服务是一项事业,需要政府在基础设施和最低需求方面提供保障,特别是在起步阶段政府部门的扶持是养老服务发展的重要推手;同时养老服务也是一项产业,涉及社会、家庭和个人等多个层面,需要遵循社会市场经济规律,在发展运营过程中引入"市场化"措施。宁波市居家养老服务机构发展运营中呈现的"差、弱、少、低"的问题,有着养老服务业刚刚起步、建设发展模式不成熟的客观原因,但更重要的是发展运营机制思路需要调整的主观因素。

管理学之父弗雷德里克·泰勒(Frederick Taylor,1856—1915)将科学方法引入了企业管理经营中来,随后出现了定位学派、能力学派、定位论与能力论的统合与匹配、适应性战略等各种流派,其中加拿大管理学家亨利·明茨伯格(Henry Mintzberg)在其著作《战略历程》(*Strategy Safari*,1988)中提出企业在不同时期应采取相应的经营战略措施,例如在发展期重视定位,安定期重视及强化能力,摸索期以学习论探索方向,革命期则运用创业家论,迅速地做出变革[1]。亨利·明茨伯格关于运营管理的论述涉及了企业发展的各个时期,与宁波市居家养老服务机构各站点发展多层次和多阶段的特征相匹配。结合养老服务具有事业和产业双重特性的特点,笔者认为居家养老服务机构经营机制建设包含政府社会和企业自身两个层面,政府职能部门负责运营约束机制和运营激励机制建设,居家养老服务机构负责运营决策机制和运营营销机制建设,以形成"四位一体"发展运营机制。

一、运营约束机制——打造监管体系,做好法制化建设

打造监管体系。在接受居家养老服务过程中,老年人由于身体机能的老化,成了弱势群体,特别是对于失能、失智和空巢老年人,他们接受服务效果如何、有何利益诉求、如何维权等都需要第三方介入,进行监管。居家养老服务机

---

① 三谷宏治.经营战略全史[M].徐航,译.南京:江苏凤凰文艺出版社,2016.

构的各项为老服务关系到政府、社会、企业（居家养老服务机构）、家庭成员等多个层面，因此相关监管体系的构建非常重要。首先，政府职能部门层面要出台相关制度规范，设置居家养老服务行业基本准入门槛，从场地设计规范、基础硬件设施，到基本服务类型、要求等方面做出规定；其次，社会层面要做好舆论监督，通过传统媒体和新兴媒体，曝光不良服务行为和相关涉事居家养老服务机构；再者，企业（居家养老服务机构）自身建立服务监测和反馈机制，及时、全面地了解服务状况，以及公平公正地处理各类投诉；最后，家庭成员层面要关注老年人生活状况，了解老年人接受服务的效果，及时向企业（居家养老服务机构）反馈，或寻求社会舆论和政府部门的帮助，维护老年人合法权益。

做好法制化建设。我国在 1996 年就颁布实施了《老年人权益保障法》，旨在保护老年人合法权益，发展老龄事业，弘扬中华民族敬老、养老、助老的美德。国家各部委和省市提出了居家养老服务的相关规划、政策、规定，有力推动了居家养老服务工作的开展。但是上升到国家、地方法律规范的制度较少，与发达国家相比，我国相关法制化建设还有待完善。例如，日本 2011 年通过《护理保险法》修改案，为给居家老年人提供更好的服务并抑制保费增加，全面启动 24 小时居家访问新服务。相比较，我国人社部医疗保险司 2016 年才发布《人力资源社会保障部办公厅关于开展长期护理保险制度试点的指导意见》（人社厅发〔2016〕80 号），开始调探索建立长期护理保险制度。因此，政府层面在居家养老服务约束机制建设方面，要在构建多层次监管体系的同时，做好制度提升工作，形成法律条文，促进居家养老服务法制化建设。

二、运营激励机制——弘扬慈孝文化，做好宣传力提升

弘扬慈孝文化。宁波历史悠久，特别是宁波慈溪有因"母慈子孝"而得名的传说，其慈孝文化形成了丰富的内容和特定的外延，上升为一种心理情感，成为一种永恒的人文精神、普遍的地域风俗，成了宁波人日常生活习以为常的组成部分。但是社会市场化养老趋势，与传统慈孝文化中弘扬的家庭养老理念产生了摩擦，导致老年人及其子女在思想观念上的排斥，不利于居家养老服务机构的发展壮大。为此，需要政府职能部门在弘扬慈孝文化过程中要做好"老吾老以及人之老，幼吾幼以及人之幼"的宣传，打破养老服务的"小农经济体制"，形成社会市场化养老服务氛围。

做好宣传力提升。社会氛围的形成离不开正面宣传引导，居家养老服务机构要通过地方政府、协会和媒体对自身加强市场化宣传，充分利用报纸、电视、互联网等媒体，大力宣传居家养老服务机构的服务项目，积极组织开展以促进居家养老服务机构发展为主题的各种经验交流、专业培训活动，扩大宣传的范

围和深度,形成良好的居家养老服务机构运营发展氛围。加大对推进居家养老服务机构建设运营成效突出的集体和个人的宣扬表彰力度,积极发挥先进集体和个人的示范效应。

三、运营决策机制——创新体制机制,做好供给侧改革

创新体制机制。体制是制度行之于外的具体体现和实施形式,是平台构建各个方面事务的规范体系。机制从属于制度,通过制度体系内部组成要素按照一定方式的相互作用实现其特定的功能。宁波市为中国民营经济最发达的地区之一,充满体制机制创新的基础与活力。随着人口老龄化、高龄化、空巢化和独生子女家庭普遍化趋势的发展,社会市场化居家养老服务模式已经成为社会养老服务发展的重要路径。与传统家庭养老不同,社会化居家养老是家庭、社会、政府多方责任共担的一种新机制,既包括政府购买服务,也包括老年人自己购买服务。2014 年 8 月 26 日,财政部、国家发改委、民政部和全国老龄办联合出台的《关于做好政府购买养老服务工作的通知》指出,要"立足各地经济社会发展实际,积极探索,不断创新政府购买养老服务机制,改进购买服务的方式方法"。在此背景下,宁波市居家养老服务机构市场化经营体制机制创新,居家养老服务机构注册为民办社会工作服务机构,并按公益性养老服务机构享受有关扶持政策。但是,在具体运营机制上还没有充分发挥市场化的作用,需要在顶层体制改革完成的基础上做好机制创新工作。

做好供给侧改革。经过多年的建设,宁波市居家养老服务机构建设发展都走在了区域前列。但是居家养老服务机构的进一步发展不可避免地面临着一系列困难,诸如服务资源和服务需求之间矛盾突出,居家养老服务无法满足高龄、独居、失能、失智老年人的特殊需求,养老服务主体普遍短缺等,其核心在于居家养老服务的供给能力严重不足,严重制约了居家养老服务的水平。居家养老服务机构应及时结构性调整居家养老服务供给,通过供给侧结构性改革满足居家养老服务需求,提高供给为目标,赋予老年居民养老服务选择权,并在提供专业、可定制、具有特色的养老服务,提升养老服务水平的同时,增加社会养老行业就业岗位,提高居家养老服务经济的效益,促进自身运营管理的可持续发展。

四、运营营销机制——践行五大理念,做好服务面拓展

践行五大理念。党的十八届五中全会提出创新、协调、绿色、开放、共享的发展理念,为破解发展难题、增强发展动力、厚植发展优势提供了思路。宁波市2015 年在全球经济低迷和国内经济进入新常态的大环境中,对社会经济结构进

行转型升级,实现地区 GDP 8011.5 亿元,农村常住居民人均可支配收入和城镇常住居民人均可支配收入分别达到 26469 元和 47852 元,具备了养老服务买单能力。但是,现阶段居家养老服务机构服务主要面对经济困难或低保老年人,对更多其他老年人形成了壁垒。因此,实现居家养老服务机构服务客户的增加,需要中心自身开放服务范围,共享养老服务资源,协调做好福利化和市场化两个维度的工作,在五大发展理念支撑下,推动居家养老服务机构营销机制建设。

做好服务面拓展。2020 年末宁波市流动人口超过 340 万人,仅慈溪市流动人口登记在册人数就达 113.24 万人,60 周岁以上流动人口近 2 万人。因此,居家养老服务机构要在做好服务能力、项目、质量提升的基础上,拓展服务对象,向非户籍人口开放,运用运营销售思路做好服务面拓展。人既是基本的生产要素,更是消费的主体,流动人口不仅为宁波市创造了财富,也是其经济消费的重要组成部分。伴随着户籍政策改革,更多 50 后、60 后农民工将留在沿海城市居住生活,居家养老服务机构向流动人口拓展,不仅解决了自身市场化发展消费主体不足的问题,也为宁波市吸引更多技能服务人才提供了社会保障。

宁波市作为副省级市、计划单列市、综合竞争力较强城市,有着浓厚创新创业意识,居家养老服务机构"四位一体"运营机制将有助于宁波居家养老服务机构服务能力的提升,促进区域养老服务业创新发展,并有助于做实惠老民生工作,促进老龄事业的快速发展。

表 2-2 所示是宁波市 AAA 等级居家养老服务机构名录。

表 2-2　宁波市 AAA 等级居家养老服务机构

序号	县市区	机构名称	评定年份
1	海曙区	海曙区鼓楼街道秀水社区居家养老服务站	2016
2	镇海区	镇海区骆驼街道和润园居家养老服务中心	2016
3	北仑区	北仑区小港街道红联社区居家养老服务站	2016
4	鄞州区	鄞州区明楼街道明南社区居家养老助残服务中心	2016
5	鄞州区	鄞州区白鹤街道丹顶鹤社区居家养老服务中心	2016
6	鄞州区	鄞州区东柳街道园丁社区居家养老助残服务中心	2016
7	鄞州区	鄞州区中河街道凤凰社区居家养老服务站	2016
8	鄞州区	鄞州区中河街道宋诏桥社区居家养老服务中心	2016
9	奉化区	奉化区岳林街道居家养老服务中心	2016

续 表

序号	县市区	机构名称	评定年份
10	奉化区	奉化区萧王庙街道滕头村居家养老服务站	2016
11	慈溪市	慈溪市宗汉街道桃园江社区养老日间照料中心	2016
12	慈溪市	慈溪市古塘街道园丁社区养老日间照料中心	2016
13	慈溪市	慈溪市古塘街道舒苑社区养老日间照料中心	2016
14	慈溪市	慈溪市掌起镇洋山片养老日间照料中心	2016
15	慈溪市	慈溪市横河镇大山村养老日间照料中心	2016
16	慈溪市	慈溪市横河镇子陵村养老日间照料中心	2016
17	慈溪市	慈溪市坎墩街道三四灶村养老日间照料中心	2016
18	慈溪市	慈溪市坎墩街道坎西村养老日间照料中心	2016
19	慈溪市	慈溪市坎墩街道沈五村养老日间照料中心	2016
20	慈溪市	慈溪市新浦镇洋龙村养老日间照料中心	2016
21	慈溪市	慈溪市坎墩街道三群村养老日间照料中心	2016
22	慈溪市	慈溪市观海卫镇湖滨村养老日间照料中心	2016
23	慈溪市	慈溪市匡堰镇樟树村养老日间照料中心	2016
24	慈溪市	慈溪市周巷镇镇东新村养老日间照料中心	2016
25	慈溪市	慈溪市周巷镇小安村养老日间照料中心	2016
26	慈溪市	慈溪市周巷镇劳家埭村养老日间照料中心	2016
27	慈溪市	慈溪市观海卫镇双湖村养老日间照料中心	2016
28	慈溪市	慈溪市观海卫镇卫东村养老日间照料中心	2016
29	慈溪市	慈溪市观海卫镇五里村养老日间照料中心	2016
30	慈溪市	慈溪市观海卫镇东山养老日间照料中心	2016
31	慈溪市	慈溪市观海卫镇五洞闸村养老日间照料中心	2016
32	慈溪市	慈溪市横河镇龙南片养老日间照料中心	2016
33	慈溪市	慈溪市宗汉街道二塘新村居家养老日间照料中心	2016
34	慈溪市	慈溪市周巷镇下吴家路村养老日间照料中心	2016
35	慈溪市	慈溪市宗汉街道漾山村居家养老日间照料中心	2016
36	慈溪市	慈溪市长河镇垫桥村养老日间照料中心	2016
37	余姚市	余姚市低塘街道低塘社区居家养老服务照料中心	2016

序号	县市区	机构名称	评定年份
38	余姚市	余姚市凤山街道东江社区居家养老服务照料中心	2016
39	余姚市	余姚市马渚镇金马社区居家养老服务照料中心	2016
40	余姚市	余姚市兰江街道四明社区居家养老服务照料中心	2016
41	余姚市	余姚市小曹娥镇朗海村居家养老服务照料中心	2016
42	余姚市	余姚市朗霞街道杨家村居家养老服务照料中心	2016
43	余姚市	余姚市丈亭镇渔溪村居家养老服务照料中心	2016
44	余姚市	余姚市马渚镇斗门村居家养老服务照料中心	2016
45	余姚市	余姚市小曹娥镇人和村居家养老服务照料中心	2016
46	宁海县	宁海县桃源街道居家养老服务中心	2016
47	宁海县	宁海县桃源街道兴海社区居家养老服务站	2016
48	象山县	象山县丹西街道居家养老服务中心	2016
49	象山县	象山县石浦镇九市曲社区居家养老服务站	2016
50	海曙区	海曙区古林镇居家养老服务中心	2017
51	镇海区	镇海区骆驼街道静远社区居家养老服务中心	2017
52	鄞州区	鄞州区白鹤街道居家养老服务中心	2017
53	鄞州区	鄞州区白鹤街道丹凤社区居家养老服务中心	2017
54	鄞州区	鄞州区白鹤街道黄鹂社区居家养老服务中心	2017
55	奉化区	奉化区锦屏街道居家养老服务中心	2017
56	奉化区	奉化区岳林街道秀水社区居家养老服务站	2017
57	奉化区	奉化区溪口镇沙堤村居家养老服务站	2017
58	余姚市	余姚市梨洲街道阳光小区居家养老服务照料中心	2017
59	慈溪市	慈溪市浒山街道楼家社区养老日间照料中心	2017
60	慈溪市	慈溪市周巷镇潭河村养老日间照料中心	2017
61	慈溪市	慈溪市杜湖养老日间照料中心	2017
62	慈溪市	慈溪市龙山镇杨高村养老日间照料中心	2017
63	慈溪市	慈溪市新浦镇养老日间照料中心	2017
64	慈溪市	慈溪市胜山镇大湾村养老日间照料中心	2017
65	慈溪市	慈溪市胜山镇四灶村养老日间照料中心	2017

序号	县市区	机构名称	评定年份
66	慈溪市	慈溪市桥头镇养老日间照料中心	2017
67	慈溪市	慈溪市观海卫镇互联养老日间照料中心	2017
68	慈溪市	慈溪市观海卫镇卫南村养老日间照料中心	2017
69	慈溪市	慈溪市长河镇大牌头村养老日间照料中心	2017
70	慈溪市	慈溪市长河镇沧田村养老日间照料中心	2017
71	慈溪市	慈溪市崇寿镇崇胜村养老日间照料中心	2017
72	海曙区	海曙区鼓楼街道居家养老服务中心	2018
73	镇海区	镇海区新三宝服务社(招宝山街道居家养老服务中心)	2018
74	镇海区	镇海区澥浦镇乐享居家养老服务中心	2018
75	鄞州区	鄞州区下应街道东兴社区居家养老服务站	2018
76	鄞州区	鄞州区云龙镇陈黄村居家养老服务站	2018
77	鄞州区	鄞州区云龙镇甲村村居家养老服务站	2018
78	余姚市	余姚市康芮嘉养凤山街道居家养老服务中心	2018
79	余姚市	余姚市康芮嘉养阳明街道居家养老服务中心	2018
80	余姚市	余姚市河姆渡镇翁方村居家养老服务中心	2018
81	慈溪市	慈溪市浒山街道南孙塘社区养老日间照料中心	2018
82	慈溪市	慈溪市浒山街道寺山路社区养老日间照料中心	2018
83	慈溪市	慈溪市坎墩街道直塘村养老日间照料中心	2018
84	慈溪市	慈溪市坎墩街道二灶市村养老日间照料中心	2018
85	慈溪市	慈溪市宗汉街道高王村养老日间照料中心	2018
86	慈溪市	慈溪市观海卫镇承志养老日间照料中心	2018
87	慈溪市	慈溪市桥头镇五福养老日间照料中心	2018
88	慈溪市	慈溪市龙山镇东门外村养老日间照料中心	2018
89	宁海县	宁海县馨苑居家养老服务站	2018
90	象山县	象山县丹东街道居家养老服务中心	2018
91	东钱湖	东钱湖镇钱湖丽园社区颐寿园居家养老服务中心	2018
92	海曙区	海曙区望春街道五江口社区居家养老服务站	2019
93	海曙区	海曙区横街镇居家养老服务中心	2019

序号	县市区	机构名称	评定年份
94	海曙区	海曙区横街镇水家村居家养老服务站	2019
95	海曙区	海曙区鄞江镇居家养老服务中心	2019
96	海曙区	海曙区白云街道居家养老服务中心	2019
97	鄞州区	鄞州区潘火街道殷家社区居家养老服务中心	2019
98	鄞州区	鄞州区云龙镇云达社区居家养老服务站	2019
99	鄞州区	鄞州区白鹤街道周宿渡社区居家养老服务站	2019
100	余姚市	余姚市郎霞街道干家路村居家养老服务中心	2019
101	慈溪市	慈溪市周巷镇真诚养老日间照料中心	2019
102	慈溪市	慈溪市宗汉街道江东村养老日间照料中心	2019
103	慈溪市	慈溪市庵东镇三洋村养老日间照料中心	2019
104	慈溪市	慈溪市庵东镇新建村养老日间照料中心	2019
105	慈溪市	慈溪市横河镇彭桥村养老日间照料中心	2019
106	慈溪市	慈溪市匡堰镇龙舌村养老日间照料中心	2019
107	慈溪市	慈溪市龙山镇邱王村养老日间照料中心	2019
108	慈溪市	慈溪市周巷镇兴柴村养老日间照料中心	2019
109	慈溪市	慈溪市周巷镇颐家养老日间照料中心	2019
110	慈溪市	慈溪市周巷镇元甲村养老日间照料中心	2019
111	宁海县	宁海县桥头胡街道健幸居家养老中心	2019
112	宁海县	宁海县梅林街道居家养老服务中心	2019
113	象山县	象山县西周镇勤丰村居家养老服务站	2019
114	象山县	象山县黄避岙乡兵营村养老服务站	2019
115	高新区	高新区新明街道居家养老服务中心	2019
116	东钱湖	东钱湖随园智汇坊居家养老服务中心	2019
117	海曙区	海曙区南门街道居家养老服务中心	2019
118	海曙区	海曙区西门街道居家养老互助中心	2019
119	海曙区	海曙区月湖街道居家养老服务中心	2019
120	海曙区	海曙区白云街道白云庄社区居家养老服务中心	2019
121	海曙区	海曙区南门街道尹江岸社区居家养老服务中心	2019

序号	县市区	机构名称	评定年份
122	江北区	江北区文教街道双东坊社区居家养老服务中心	2019
123	镇海区	镇海区九龙湖镇九龙老年康乐服务中心	2019
124	镇海区	镇海区招宝山街道城东社区爱之家居家养老服务中心	2019
125	镇海区	镇海区招宝山街道胜利路社区居家养老服务站	2019
126	镇海区	镇海区招宝山街道后大街社区居之馨服务联盟	2019
127	镇海区	镇海区招宝山街道车站路社区康乐居家养老服务中心	2019
128	镇海区	镇海区招宝山街道西门社区暖心坊服务联盟	2019
129	镇海区	镇海区招宝山街道白龙社区居家养老服务中心	2019
130	镇海区	镇海区招宝山街道海港社区海之颐居家养老服务中心	2019
131	镇海区	镇海区蛟川街道后施社区居家养老服务中心	2019
132	镇海区	镇海区蛟川街道炼化社区居家养老服务中心	2019
133	镇海区	镇海区庄市街道庄市老年人服务中心	2019
134	北仑区	北仑区新碶街道紫荆居家养老服务站	2019
135	北仑区	北仑区郭巨街道峰南社区居家养老服务站	2019
136	鄞州区	鄞州区塘溪镇溪头村居家养老服务站	2019
137	鄞州区	鄞州区云龙镇上李家村居家养老服务站	2019
138	慈溪市	慈溪市宗汉街道金堂村养老日间照料中心	2019
139	东钱湖	东钱湖清泉山庄社区居家养老服务中心	2019
140	海曙区	石碶街道居家养老服务中心	2020
141	海曙区	广安居家养老服务中心	2020
142	海曙区	集士港镇居家养老服务中心	2020
143	海曙区	高桥镇居家养老服务中心	2020
144	海曙区	洞桥镇居家养老服务中心	2020
145	海曙区	望春街道西部区域居家养老服务中心	2020
146	海曙区	望春街道居家养老服务中心	2020
147	海曙区	横街镇管家婆居家养老服务中心	2020

续　表

序号	县市区	机构名称	评定年份
148	海曙区	龙观乡居家养老服务中心	2020
149	海曙区	章水镇居家养老服务中心	2020
150	江北区	天水社区居家养老服务站(示范型)	2020
151	江北区	河东社区居家养老服务站(示范型)	2020
152	江北区	天合社区居家养老服务中心	2020
153	江北区	天沁社区居家养老服务站	2020
154	江北区	费市社区居家养老服务站	2020
155	江北区	孙家丽园社区居家养老服务站(示范型)	2020
156	江北区	宁静社区居家养老服务站	2020
157	江北区	万丰社区居家养老(残)服务	2020
158	江北区	湾头社区居家养老服务站(示范型)	2020
159	镇海区	涨鑑碶社区颐乐居家养老中心服务中心	2020
160	镇海区	骆驼街道盛家社区居家养老服务站	2020
161	镇海区	蛟川街道居家养老服务中心	2020
162	镇海区	庄市街道悠乐居家养老养残服务中心	2020
163	北仑区	岭下居家养老服务站	2020
164	北仑区	海陆居家养老服务站	2020
165	鄞州区	福明街道福明家园社区居家养老助残服务中心	2020
166	鄞州区	福明街道新城社区居家养老助残服务中心	2020
167	鄞州区	福明街道陆嘉社区居家养老助残服务中心	2020
168	鄞州区	福明街道居家养老助残服务中心	2020
169	鄞州区	东胜街道樱花社区居家养老助残服务中心	2020
170	鄞州区	东胜街道居家养老服务中心	2020
171	鄞州区	百丈街道划船社区居家养老助残服务中心	2020
172	鄞州区	怡颐养老服务中心(百丈街道区域性居家养老服务中心)	2020
173	鄞州区	钟公庙街道居家养老服务中心	2020
174	鄞州区	瞻岐镇居家养老服务中心	2020
175	鄞州区	东郊街道居家养老服务中心	2020

续　表

序号	县市区	机构名称	评定年份
176	鄞州区	姜山镇陆家堰居家养老服务中心	2020
177	鄞州区	东柳街道东柳坊社区居家养老助残服务中心	2020
178	鄞州区	东柳街道太古城社区居家养老助残服务中心	2020
179	鄞州区	东柳街道中兴社区居家养老服务站	2020
180	鄞州区	东柳街道锦苑社区居家养老助残服务中心	2020
181	鄞州区	首南街道居家养老服务中心	2020
182	鄞州区	潘火街道东南社区居家养老服务站	2020
183	鄞州区	云龙镇云享晚年居家养老服务中心	2020
184	奉化区	溪口镇居家养老服务中心	2020
185	奉化区	溪口镇畸上村居家养老服务站	2020
186	奉化区	大堰镇居家养老服务中心	2020
187	奉化区	大堰镇董家村居家养老服务站	2020
188	奉化区	大堰镇下旺村居家养老服务站	2020
189	奉化区	松岙镇街横村居家养老服务站	2020
190	奉化区	松岙镇上汪村居家养老服务站	2020
191	奉化区	锦屏街道长汀村居家养老服务站	2020
192	奉化区	锦屏街道居敬社区居家养老服务站	2020
193	奉化区	锦屏街道长岭社区居家养老服务站	2020
194	奉化区	岳林街道斯张村居家养老服务站	2020
195	奉化区	尚田镇冷西村居家养老服务站	2020
196	奉化区	尚田街道王家岭村居家养老服务站	2020
197	奉化区	尚田街道条宅村居家养老服务站	2020
198	奉化区	萧王庙街道云溪村居家养老服务站	2020
199	奉化区	西坞街道蒋家池头村居家养老服务站	2020
200	奉化区	西坞街道高楼张村村居家养老服务站	2020
201	奉化区	江口街道居家养老服务中心	2020
202	奉化区	方桥街道后江村居家养老服务站	2020
203	奉化区	莼湖街道缪家村居家养老服务站	2020

序号	县市区	机构名称	评定年份
204	余姚市	阳明街道新城市社区居家养老服务站	2020
205	余姚市	阳明街道芝山村居家养老服务站	2020
206	余姚市	梨洲街道菱湖村居家养老服务站	2020
207	余姚市	兰江街道居家养老服务中心	2020
208	余姚市	低塘街道居家养老服务中心	2020
209	余姚市	泗门镇居家养老服务中心	2020
210	余姚市	泗门镇万圣村居家养老服务照料中心	2020
211	余姚市	陆埠镇康芮嘉养居家养老服务中心	2020
212	余姚市	陆埠镇袁马村居家养老服务站	2020
213	余姚市	梁弄镇甘宣村居家养老服务站	2020
214	余姚市	梁弄镇居家养老服务中心	2020
215	余姚市	牟山镇居家养老服务中心	2020
216	余姚市	三七市镇石步村居家养老服务站	2020
217	余姚市	小曹娥镇居家养老服务中心	2020
218	余姚市	临山镇汝东村居家养老服务照料中心	2020
219	余姚市	黄家埠镇居家养老服务中心	2020
220	余姚市	黄家埠镇杏山村居家养老服务站	2020
221	余姚市	大隐镇居家养老服务中心	2020
222	余姚市	大岚镇后朱村居家养老服务站	2020
223	余姚市	鹿亭乡高山村居家养老服务站	2020
224	慈溪市	横河镇乌山村养老日间照料中心	2020
225	慈溪市	崇寿镇居家养老服务中心（区域性、示范型）	2020
226	慈溪市	宗汉街道庙山村居家养老服务中心	2020
227	慈溪市	龙山镇养老日间照料中心	2020
228	慈溪市	龙山镇海甸戎村养老日间照料中心	2020
229	慈溪市	胜山镇三灶村养老日间照料中心	2020
230	慈溪市	胜山镇镇前村养老日间照料中心	2020
231	慈溪市	崇寿镇健民村养老日间照料中心	2020

序号	县市区	机构名称	评定年份
232	慈溪市	周巷镇云城村养老日间照料中心	2020
233	慈溪市	坎墩街道坎东村养老日间照料中心	2020
234	慈溪市	掌起镇黎明养老日间照料中心	2020
235	慈溪市	长河镇心贴心居家养老服务中心	2020
236	慈溪市	匡堰镇养老日间照料中心	2020
237	慈溪市	附海镇居家养老服务中心	2020
238	慈溪市	宗汉街道联兴村养老日间照料中心	2020
239	慈溪市	掌起镇养老日间照料中心	2020
240	慈溪市	古塘街道开发社区养老日间照料中心	2020
241	宁海县	岔路镇上金村居家养老服务站	2020
242	宁海县	岔路镇岔路村居家养老服务站	2020
243	宁海县	大佳何镇民主村居家养老服务站	2020
244	宁海县	前童镇居家养老服务中心	2020
245	宁海县	桥头胡街道涨家溪村居家养老服务站	2020
246	宁海县	西店镇铁江村居家养老服务站	2020
247	宁海县	西店镇居家养老服务中心	2020
248	宁海县	长街镇岳井村居家养老服务站	2020
249	宁海县	宁海县长街镇港中村居家养老服务站	2020
250	宁海县	宁海县力洋镇（区域性）居家养老服务中心	2020
251	宁海县	宁海县富艺长泓（区域性）居家养老服务中心	2020
252	宁海县	宁海县桃源街道下桥村居家养老服务站	2020
253	象山县	西周镇居家养老服务中心	2020
254	象山县	墙头镇居家养老服务中心	2020
255	象山县	爵溪街道居家养老服务中心	2020
256	象山县	石浦镇居家养老服务中心	2020
257	象山县	大徐镇居家养老服务中心	2020
258	象山县	晓塘乡居家养老服务中心	2020
259	杭州湾新区	珠江村养老日间照料中心	2020

序号	县市区	机构名称	评定年份
260	杭州湾新区	新东村养老日间照料中心	2020
261	杭州湾新区	海星村养老日间照料中心	2020
262	杭州湾新区	富北村养老日间照料中心	2020
263	杭州湾新区	浦东村养老日间照料中心	2020
264	杭州湾新区	庵东镇区域性居家养老服务中心	2020
265	高新区	随园之家居家养老服务中心	2020

备注:根据宁波市历年居家养老服务机构 AAA 级等级评定结果整理。

第三章　宁波社区养老

为提升社区养老服务水平,从紧急救援、医疗服务到区域服务平台,社区养老服务智慧化形式在宁波相继出现。借鉴国内相关经验,宁波社区养老服务智慧化建设首先要明确立足市场需求,以完善制度为基础,以厘清职责为突破口,以人才建设为抓手的原则;其次,建立数据电子化、网络化与社区养老运行智能化,服务流程再造与系统协同化,社区养老服务系统运行的智慧化三个步骤;再次,形成涵盖生活照料服务、膳食服务、居室和环境卫生服务、安全保护服务、医疗/康复护理服务、心理/精神支持服务、文化娱乐服务等内容的社区养老服务智慧化服务。

第一节　社区养老服务发展情况

近年来,宁波市政府出台一系列政策、措施,加大资金支持力度,推进养老设施建设,创新养老服务形式,完善养老服务体系,计划95%的老年人通过社会化服务或政府购买服务实现居家社区养老。

一、社区养老服务概况

社区养老服务是老年人居家或是在社区照料中心接受的社会化服务,包括生活照料、助餐服务、保健康复、健身娱乐、精神慰藉等服务。根据北京师范大学中国公益研究院发布的《2017年中国养老服务人才培养情况报告》测算,2017年全国失能半失能老人约有4063万,若按照国际标准失能老人与护理员3∶1的配置标准推算,我国至少需要1300万护理员;按照不能自理老人与专业护理人员1∶3的配置标准推算,我国至少需要20万专业护理人员。而目前各类养老服务人员不足 50 万人,持证人员不足 2 万人,全国养老服务人才需求缺口巨大①养老服务人才紧缺的问题在社区养老服务水平急需提升的情况下,显得尤为迫切。据调研统计,宁波社区养老服务存在三个突出问题:第一,社区养老服务仅基本满足了老年人需求,处于"温饱"水平;第二,社区养老服务总体质量低于老年人预期,存在"错位";第三,社区养老服务具体服务上存在不"平衡"问题。

二、社区智慧养老服务概况

近年来,宁波市政府出台一系列政策、措施,加大资金支持力度,推进养老设施建设,创新养老服务形式,完善养老服务体系,计划 95％的老年人通过社会化服务或政府购买服务实现居家社区养老。现阶段社区养老服务难以满足老年人需求,特别是在医疗服务、生活照料和服务收费方面还需要改进。智慧化设施设备的运用,将可以通过老年人身体健康状况实施监控,提供精准化生活服务,减少人工成本,满足老年人需求。

宁波陆续建成了一批智慧养老社区。例如,宁波星健兰亭是复星康复养老产业发展集团养老业务重要产品线之一——"星健"倾力打造的 CCRC 高端乐龄社区项目。依托星健大健康战略,围绕"医、康、养、护"四位一体整合式健康服务体系,为宁波长者们提供专业的高品质、体系化、全程式养护新生活。2017年 10 月 1 日,宁波星健兰亭正式对外开放。星健兰亭建立在对长者行为、人体工学和私密性需求的更深一度研究。关于养老产品的设计,均约 48m²、70m²、90m² 高端精装公寓,室内 46 项适老化设计全面覆盖客厅、厨卫、卧室,并于室外打造 12 处公共空间和 14 项适老化设计,真正从内到外全面考虑未来生活空间,竭力打造一个既舒适安全,又集开放与私密于一体的生活空间,让长者体验前所未有的科学养老②。

第二节　社区养老服务调研分析

本章研究的社区养老服务指老年人居家或是在社区照料中心接受的社会

---

① 中国经济网.报告显示:全国养老服务人才需求缺口巨大[EB/OL]. http://www.ce.cn/xwzx/gnsz/gdxw/201707/20/t20170720_24338342.shtml. 2017-07-20/2020-02-15.

② 宁波星健兰庭官网[EB/OL]. (2021-02-01)[2021-02-04]. http://www.xjlanting.com/ltfw.

化服务,包括生活照料、助餐服务、保健康复、健身娱乐、精神慰藉等服务。笔者采用问卷和访谈调查法,分别对宁波社区养老服务情况进行了调研。

一、社区养老服务满意度

抽取宁波鄞州区为调研数据源,对其 20 个乡镇中接受社区养老服务的老人进行了随机问卷调查。此次调研共发放问卷 180 份,收回 160 份,通过筛选取得有效问卷 153 份,问卷有效率为 95.625%。

(一)数据分布

1.基本情况

见表 3-1 至表 3-5。

表 3-1　社区养老总体印象

占比	非常好	比较好	一般	不好	非常不好	说不清楚	合计
人数	13	52	52	2	4	30	153
百分比/%	8.5	34	34	1.3	2.6	19.6	100

表 3-2　最看重社区养老因素

占比	对社区没有要求	医疗服务	文体活动	生活环境	饮食营养	生活服务	其他	合计
人数	13	70	10	3	9	23	25	153
百分比/%	8.5	45.8	6.5	2	5.9	15	16.3	100

表 3-3　最困难最烦恼事情

占比	身体不好	子女不经常来看望	寂寞孤独	经济困难	其他	合计
人数	36	36	24	11	46	153
百分比/%	23.5	23.5	15.7	7.2	30.1	100

表 3-4　收费是否合理

占比	非常合理	较合理	一般	偏高	过高	合计
人数	6	37	85	21	4	153
百分比/%	3.9	24.2	55.6	13.7	2.6	100

表 3-5 社区养老生活是否方便

占比	非常便利	较便利	一般	较不便利	合计
人数	3	32	110	8	153
百分比/%	2	20.9	71.9	5.2	100

2. 医疗服务情况

见表 3-6 至表 3-9。

表 3-6 医疗设备设施是否满意

占比	非常满意	比较满意	一般	较不满意	非常不满意	合计
人数	5	38	102	8	0	153
百分比/%	3.3	24.8	66.7	5.2	0	100

表 3-7 医疗护理是否满意

占比	非常满意	比较满意	一般	较不满意	非常不满意	合计
人数	10	49	75	16	3	153
百分比/%	6.5	32	49	10.5	2	100

表 3-8 康复指导是否满意

占比	非常满意	比较满意	一般	较不满意	非常不满意	合计
人数	12	50	65	22	4	153
百分比/%	7.8	32.7	42.5	14.4	2.6	100

表 3-9 身体不舒服是否及时治疗

占比	非常及时	比较及时	一般	较不及时	非常不及时	合计
人数	15	72	59	3	4	153
百分比/%	9.8	47.1	38.5	2	2.6	100

3. 生活服务情况

见表 3-10 至表 3-12。

表 3-10 生活护理是否满意

占比	非常满意	比较满意	一般	较不满意	非常不满意	合计
人数	14	58	65	11	5	153

占比	非常便利	较便利	一般	较不便利	合计
百分比/%	9.1	37.9	42.5	7.2	3.3

表 3-11　心理护理是否满意

占比	非常满意	比较满意	一般	较不满意	非常不满意	合计
人数	11	44	75	19	4	153
百分比/%	7.2	28.8	49	12.4	2.6	100

表 3-12　伙食营养是否满意

占比	非常满意	比较满意	一般	较不满意	非常不满意	合计
人数	11	45	75	19	3	153
百分比/%	7.2	29.4	49	12.4	2	100

4.休闲娱乐情况

见表 3-13 至表 3-15。

表 3-13　身体锻炼器材是否满意

占比	非常满意	比较满意	一般	较不满意	非常不满意	合计
人数	11	62	61	17	2	153
百分比/%	7.2	40.5	39.9	11.1	1.3	100

表 3-14　文娱活动安排是否满意

占比	非常满意	比较满意	一般	较不满意	非常不满意	合计
人数	25	44	65	15	4	153
百分比/%	16.3	28.8	42.5	9.8	2.6	100

表 3-15　兴趣爱好满足

占比	非常满意	比较满意	一般	较不满意	非常不满意	合计
人数	16	55	60	18	4	153
百分比/%	10.5	35.9	39.2	11.8	2.6	100

5.工作人员服务情况

见表3-16至表3-18。

表3-16 服务态度是否满意

占比	非常满意	比较满意	一般	较不满意	非常不满意	合计
人数	24	58	57	7	7	153
百分比/%	15.7	37.9	37.2	4.6	4.6	100

表3-17 服务水平是否满意

占比	非常满意	比较满意	一般	较不满意	非常不满意	合计
人数	11	59	68	12	3	153
百分比/%	7.2	38.6	44.4	7.8	2	100

表3-18 志愿者服务是否满意

占比	非常满意	比较满意	一般	较不满意	非常不满意	合计
人数	12	63	64	9	5	153
百分比/%	7.8	41.2	41.8	5.9	3.3	100

(二)社区养老服务问题分析

从老龄化发展趋势看,宁波的人口老龄化进入早、程度高,而且呈现加速态势。做好养老服务工作的任务十分繁重。通过上述数据分析可以归纳出以下三个问题:

1.社区养老服务基本满足了老年人需求,处于"温饱"水平

截至2019年底,宁波共有各类养老服务站点2969个,覆盖93%的社区(村)。通过以上数据也可以归纳出,76.5%的老年人对社区养老服务基本满意;94.8%的老年人认为社区养老服务可以方便自己的生活需要;医疗服务、生活服务、休闲娱乐和工作人员服务等各项基本满意度都在80%以上。

2.社区养老服务总体质量低于老年人预期,存在"错位"

老年人社区养老服务最看重的因素是医疗服务,占到了54.2%,但是老年人对医疗设备设施、医疗护理和康复指导服务的满意度都低于40%。生活服务、休闲娱乐和工作人员服务等各项满意度也都在50%以下,距离老年人预期还有很大距离。

3.社区养老服务具体服务上存在不"平衡"问题

社区养老服务在文化娱乐活动上存在明显优势,依靠老年人居住在社区的自然优势,可以灵活组织各类符合老年人需求的活动,并且投入成本相对较低。但是医疗和生活照料这些需要强技能、高投入和繁复劳动量的服务老年人满意度就低,造成了社区养老服务的内部不平衡问题。

二、社区养老服务智慧化调研分析

信息化技术的发展推动了智慧城市建设,截至 2011 年 5 月,全国一级城市 100% 提出了智慧城市的详细规划[1]。宁波智慧城市建设起步较早,为智慧养老提供了理论和现实基础。现阶段智慧养老还处于起步探索阶段,基本限定为运用智能控制技术提供养老服务的过程,是以互联网、物联网为依托,集合运用现代通信与信息技术、计算机网络技术、老年服务行业技术和智能控制技术,为老年人提供安全便捷健康舒适服务的现代养老模式[2]。

宁波社区养老服务为提升服务水平和适应智慧城市建设的需求,展开了智慧化的相关尝试。通过宁波江东区、海曙区、鄞州区和镇海区社区养老服务机构访谈调查,对社区养老服务智慧化已有形式进行了总结归纳,具体如下:

(一)日常办公智慧化

宁波社区养老服务办公在网络、计算机和移动终端设备使用上实现了全覆盖。访谈调查涉及的机构都在行政日常办公方面实现了智慧化,迈出了服务智慧化的第一步。例如 2013 年底投入使用的宁波镇海庄市街道悦乐居家养老服务中心,在行政办公室、保健咨询室、书报室、电子阅览室和医务室都有智能设备,服务于日常办公。

(二)紧急呼救智慧化

接受社区养老服务的老年人,居住和活动范围相对松散,不能集中统一监管。宁波海曙区社区养老服务依托"81890"居民服务平台,通过"一键通"电话机,实现了社区养老服务紧急呼救智慧化。一旦老年人突发意外,通过"一键通"向 81890 服务中心发出警报,中心接警后便采取紧急措施。"一键通"电话

---

① 陈博,高光耀.智慧城市的建设路径、核心和推进策略研究[J].管理现代化,2013(1):67-69.
② 胡小武.老龄化时代城市老年智能照护体系的嵌入机制[J].上海城市管理,2013,22(4):14-17.

机紧急呼救模式在宁波海曙已相对比较成熟,现阶段开始尝试手机的紧急呼叫,即通过手机"SOS"键帮助在外活动的老年人实现紧急呼救。

(三)健康检查智慧化

2013年宁波因慢性病死亡人数为30142人,占居民总死亡的82%,慢性病已成为宁波居民的最主要死因。老年人作为慢性病的主群体,据统计浙江省86%的老年人至少患有一种慢性病①。社区养老服务对老年人健康状况的检测必不可少,但是社区老年人居住分散,身体状况变化时效性强,现有服务能力难以实现1∶1的护理人员跟踪服务。宁波鄞州区嘉和爱照护服务中心推出了智能化信息系统,在照护中心可对日托老人血压、血糖、呼吸、心跳等医疗基本情况进行全程跟踪,实现了日常健康检查智慧化。

(四)服务平台智慧化

社区养老服务人员的缺口很大,并且接受社区养老服务的老年人分散居住,个性化需求多,如果没有现代信息技术的辅助,从服务管理到服务操作,社区养老服务都需要投入巨大人工成本,降低了人力资源的效率。宁波鄞州怡康院在家院互融基础上,依托家院互融养老服务站、居家养老服务中心、标准化助老服务站、街道社区福利院,在区政府支持下,将分散在74个社区接受社区养老服务的老年人纳入智慧养老平台进行管理,实现了养老的床位入家庭,统一协调服务项目,提升服务效率,取得了一定成效。

国内养老服务事业刚刚起步,发展以及服务模式还都处于探索阶段。宁波社区养老服务满意度还有待提升,智慧化也处于初期的探索阶段,没有形成规模,发展模式和建设体系还有待进一步的摸索。伴随宁波智慧城市建设的发展,智慧化养老服务设施设备的应用推广,以及宁波地方政府对社区养老事业的推动,社区养老服务事业智慧化将进一步发展,相关研究也会逐步深入。

第三节　国内外社区养老服务智慧化经验

为尽快实现社区养老服务智慧化,国家政府职能部门相继出台了一系列政策。民政部投入数千亿元来支持养老服务市场,且将养老服务信息化作为养老

---

① 牛虹懿,倪荣,王悦,等.浙江省老年人慢性病患病率及影响因素分析[J].中国农村卫生事业管理,2014,34(4):377-381.

业四项重点工作之一。国家卫健委强调,加强物联网技术在医疗保健、公共卫生、药品、血液等方面的应用。同时,构建"电子医疗"体系,实现远程医疗和自助医疗。《中国老龄事业发展"十二五"规划》和《社会养老服务体系建设规划(2011—2015 年)》都有相应的条款提到使用信息化技术提升居家养老和社区养老的服务质量。2013 年 8 月《全国智慧化养老实验基地建设规范》提出,力争 5 年内在全国建设 100 家"智慧化养老实验基地"。在国家大力支持下,国内各省市社区养老服务智慧化实践逐步展开。

一、国内社区养老服务智慧化经验

(一)老年公寓社区养老服务系统智慧化

北京"智能老年公寓信息化系统",采用 NEC 的平板电脑、服务器和网络设备等,实现移动生活护理和医护保健。

(二)社区养老医疗服务智慧化

杭州桐庐"智慧医疗",通过两个数据仪器、一个手腕式监护仪、一张 SIM 卡,为老百姓提供免费的身体数据监测、远程会诊、健康远程检查、急救定位等服务。

(三)居家养老服务中心智慧化

山东济南"智能居家养老服务中心",通过互联网、物联网、云计算等技术为居家老人提供可靠及时全面的健康测评,并据此为居家老人制定个性化养生、保健方案,对疾病进行早期干预、早期治疗的动态管理。

(四)社区养老服务慢性病监测智慧化

南京市秦淮社区搭建"居家养老慢性病远程综合管理服务平台",南京市鼓楼区实行"智慧养老试点",有慢性病且行动不便的老人开始使用智慧养老系统。厦门思明区"中华社区街道公共卫生服务中心"开发了慢性病远程管理系统,并搭建"健康小屋"采集数据。

(五)社区养老服务平台智慧化

天津联通河北分公司整合网络、技术资源等综合优势,和有关部门合作共同为居家老人提供了定制终端、远程服务、紧急求救等一揽子信息化服务,实现了与老年人需求的有效对接。

二、发达国家社区养老服务智慧化经验

在养老服务智慧化方面除了国内的以上探索和实践，国外在这方面发展得比较成熟。

(一)社区养老医疗服务智慧化

在美国弗吉尼亚州，有4.9万家门诊都安装了"远程医疗"网络用于改善服务，其中75％的服务对象是老年人。根据政府机构的统计，弗吉尼亚州家庭慢性病患者的监护费用每年为1900美元，而家庭护理费用则高达77000美元。远程医疗既为这些患者节约了护理费用，又提供了生命安全保障。①

(二)社区养老生活服务智慧化

英国从2012年起，在社区医院和家庭普及使用机器人护士。这种机器人与网络连接，其头部安装有多台激光和热成像摄像机，在声音识别技术的辅助下，能够完成日常护理的功能。英国生命信托基金会计划构建一种全智能化老年公寓。公寓将采用电脑技术、无线传输技术等手段，在地板和家电中植入电子芯片装置，使老人的日常生活处于远程监控状态。

(三)社区养老辅助设备智慧化

日本筑波大学研制的专为肌肉萎缩、行动不便的老年人设计的"机器外套"已成功在日本推广，使老年人的行动和护理人员的工作变得更加简单。

第四节　社区养老服务智慧化建设策略

社区养老服务智慧化建设是一项系统工程，推进这项工作需要立足宁波发展实际，借鉴国内外的先进经验，明确建设原则，把握建设步骤，全面规划建设内容。

一、建设原则

宁波社区养老服务智慧化建设应立足市场需求，以完善制度为基础，以厘

---

① 经管之家.互联网智慧养老解决方案［EB/OL］.（2018-05-25）［2020-02-19］.https：//bbs.pinggu.org/thread-6400031-1-1.html.

清职责为突破口,以人才建设为抓手,提高宁波社区养老服务智慧化总体水平,促进宁波社区养老服务业又好又快发展。

(一)立足市场市场需求

美国"远程医疗"网络建设遵循市场原则,通过节约医疗成本,促使个人和机构共同趋向养老服务智慧化。宁波社区养老服务智慧化建设过程中应遵循市场的价值导向作用,通过市场调节资源配置,促使社区养老服务智慧化水平的提升,避免违背价值规律。

(二)完善制度为基础

完善制度是保证社区养老服务智慧化建设的手段。社区养老服务智慧化涉及个人医疗信息、家庭等隐私信息,也关系到社区安全监管,关系到卫生医疗、民政、居委会等部门,制定相关制度,保障建设过程确保老年人信息绝对安全。

(三)厘清职责为突破口

为保障社区养老医疗服务智慧化,南京、厦门等地区都有政府和医疗机构的参与。宁波社区养老服务智慧化应积极借鉴国内外协同其他部门共同建设的方法,重视调动各方面力量参与和支持社区养老服务智慧化工作。民政部门扮有牵头、服务、协作、监督的角色,其他机构协同参与。

(四)人才建设为抓手

社区养老服务智慧化是一项专业性工作,离不开专业力量的支撑。国内外都十分重视社区养老服务智慧化建设,从业人员需要具备过硬的信息化知识技术。宁波应通过政策驱动,引导科技人才投入社区养老服务技术、产品的智慧化研发工作。

二、建设步骤

社区养老服务智慧化建设最终要实现老年人、设备和服务协同自主化运作,这项系统工程与智慧城市建设同理,需要分三步走。

(一)建立数据电子化、网络化与社区养老运行智能化

社区养老服务针对的老年人分布在各自家庭或是社区照料中心,要实现智慧化首先是对包括老年人在内的社区养老服务涉及的所有事物进行智能化,即

利用现代信息技术、智能生产技术对传统工具进行网络化、智能化和信息化改造，建立社区养老服务智能化的硬件基础。

（二）服务流程再造与系统协同化

促使社区养老服务的人与智能化的物互补互促、互存互动，即使用智能制造技术和信息技术，最终让社区养老服务达成信息资源、智力资源与传统资源的深度融合；推动社区养老服务智慧化发展，构建人机结合的智能网络，不断推进部门内资源的整合共享，提升各个部门、行业子系统内部的协同水平。充分运用技术创新、商业模式创新、服务模式创新，按照系统优化的要求最大限度地实现社区养老服务系统内和跨系统业务的整合协同。

（三）社区养老服务系统运行的智慧化

社区养老服务智慧化涉及医疗、社区安全监管、交通、民政、居委会等方方面面的资源，推动其智慧化多行业应用、跨部门资源共享建设，打造多行业、跨区域、云平台、跨部门、全覆盖的社区养老服务智慧化运行体系。

三、建设内容

社区养老服务智慧化建设应以老年人需求为出发点和最终归宿，根据老年人生理和心理需求，其建设应包含以下七种智慧化服务内容。因老年人身体、财力、喜好等方面的不同，服务项目需求会各有侧重，但是社区养老服务智慧化建设规划应该尽量做到全面，以期满足服务老年人的个性化需求。

（一）生活照料服务

生活照料服务智慧化指向老年人提供饮食、起居、清洁、卫生照护的过程实现智能化。通过研发智能机器人等设备，逐步实现生活照料服务的智慧化。

（二）膳食服务

老年人膳食均衡是保持健康的关键，膳食服务智慧化指运用医疗健康设备，对老年人饮食提出要求，并根据营养学知识和老年人需要合理搭配食谱。在这个过程中以智能设备的测量数据为基础，通过智能运算系统完成服务。

（三）居室和环境卫生服务

老年人住所的电器设备实现智慧化运转，环境卫生由智能设备自主清洁，老年人不需要从事超负荷的体力劳动。

(四)安全保护服务

老年人生理机能衰退,安全隐患增多,从日常行走,到居家生活,多有交通、水电、燃气等安全隐患,因此智慧化求救装置、水电安全报警器、燃气监控等智能化设备必不可少,也是安全保护服务智慧化的基础。

(五)医疗/康复护理服务

老年人是慢性病的主体人群,医疗/康复护理服务智慧化指通过智慧化设备为老人提供基本的、连续的、综合的预防、保健、康复、医疗、护理等卫生照料的过程。

(六)心理/精神支持服务

生理机能的衰退导致心态和精神的消沉,同时心态和精神的变化又反作用于身体健康,因此社区养老服务智慧化不可以忽视心理/精神支持服务这项内容,即在智能设备的帮助下,通过语言、文字等媒介,以各种活动为载体,使老人的认识、情感和态度有所变化,增强适应性,保持和增进身心健康的过程。例如使用可视电话、网络电话、移动设备等帮助老年人与亲属、朋友等沟通交流,丰富老年人社会支持系统。

(七)文化娱乐服务

老有所乐是提升老年人生活品质的重要内容,生活水平的提升和信息技术的发展,使得文化娱乐活动不仅丰富多样,而且智慧化水平大幅提升。文化娱乐服务智慧化指运用智能设备手段向老人开展各种类型的有益于身心健康的文化体育娱乐的活动。例如,为老年人提供电子报刊、数字化家庭影院等。

国内养老服务事业刚刚起步,发展以及服务模式还都处于探索阶段。宁波社区养老服务智慧化也处于初期的探索阶段,没有形成规模,发展模式和建设体系还有待进一步的摸索。伴随宁波智慧城市建设的发展,智慧化养老服务设施设备的应用推广,以及宁波政府对社区养老事业的推动,社区养老服务事业智慧化将进一步发展,相关研究也会逐步深入。

第四章　宁波机构养老

　　在老龄工作被定位为全党工作的重要组成部分背景下[①]，养老服务工作执行落实和总结研究有序推进。机构养老作为养老服务体系的一部分，在高龄、失能、失智、独居、空巢老年人服务中作用突出。面对老龄化程度的迅速提升，在老龄产业刺激和国家老龄政策推动下，"十二五"时期机构养老快速发展，相关理论研究也不断涌现，有力推动了养老机构的进一步建设，形成了"建设—研究—指导建设"的良性发展链条。2016年以来，如何确保机构养老提供优质的服务，对服务内容、质量、改进进行研究是学者和政府职能部门关注的重要问题之一。纵览国内关于养老机构服务质量的研究成果，学者们主要从养老服务提供方和接受方[②]、养老服务标准体系建设[③]、服务质量模型构建[④]等方面入手，探讨老人的需求、服务满意度，护理人员的现状与专业性，及养老机构所存在的问题等。有关机构养老服务形式、过程、成效研究较少，结合环境、设施设备、队伍建设、管理、效绩与改进创新等影响因素开展的研究就更少。服务质量作为养老服务建设发展的重点，需实证分析研究，提出符合机构养老提升服务层次质量的具体举措。

　　本章围绕机构养老服务质量建设，选取计划单列市宁波的16家养老机构作为样本，采用过程绩效研究方法，梳理机构养老服务在生活照料、膳食、居室

---

① 党俊武.应对人口老龄化顶层设计刍议[J].老龄科学研究，2017,5(1):3-14.

② 王静.上海市徐汇区非营利性养老机构服务现状与老年人生活质量的研究[D].上海:复旦大学，2013.

③ 景洁.基于老年人视角的民办养老机构服务质量评价研究[D].石家庄:河北经贸大学，2012.

④ 李栋.基于SERVQUAL的大连市养老机构服务质量测评研究[D].大连:大连工业大学，2015.

和环境卫生、洗涤、委托、安全保护、医疗/康复护理、心理/精神支持、文化娱乐等方面存在的质量问题,剖析环境、设施设备、队伍建设、管理、效绩与改进创新等服务质量影响因素,提出发挥养老机构主导作用、构建养老服务的理论结构、增加政府职能部门促进作用、调动公共事业单位参与、提升社会认同、激发行业协同等机构、政府、社会三个层面的对策。

第一节　机构养老服务质量提升必要性

"十二五"期间,在国家政策引导、老龄化程度逐步提升、居民收入水平稳步增加等因素驱动下,金融、地产、保险、金融等产业资本流向养老服务业,建成了一大批养老机构,弥补了养老床位短缺的短板。进入"十三五"以来,养老机构服务质量的提升成为重点。特别是"健康中国"上升为国家战略背景下,研究机构养老服务质量提升成为多方诉求。

一、满足老年人获取优质服务的需要

第七次全国人口普查数据显示全国大陆总人口 14.1178 亿人,其中 60 周岁以上老年人 2.6402 亿、65 周岁以上老年人 1.9064 亿,占比分别达到18.7％、13.5％[①]。庞大的老年人群,以及日益增加的高龄、失能和空巢老年人需要更高质量的机构养老服务。同时,根据调研分析约 40％的独生子女父母计划将来选择机构养老,并且在个性化服务需求,以及康复治疗、护理、文化娱乐服务质量方面有更高期望[②]。

二、契合政府职能部门规范行业发展的需要

在带有明显社会民生特点的养老服务业监管方面,政府职能部门责无旁贷。国务院办公厅《关于全面放开养老服务市场提升养老服务质量的若干意见》(国办发〔2016〕91 号)进一步提出:到 2020 年,养老服务业服务质量明显改善,群众满意度显著提高,养老服务业成为促进经济社会发展的新动能。例如,民政部门负有组织拟订全市社会福利事业发展规划、政策和标准,指导全市社

---

① 中华人民共和国国家统计局.第七次全国人口普查主要数据情况[EB/OL].(2021-05-11)[2021-05-25].http://www.stats.gov.cntjsjzxfb/202105/t20210510_1817176.html.

② 伍海霞.城市第一代独生子女父母的社会养老服务需求——基于五省调查数据的分析[J].社会科学,2017(5):79-87.

会福利事业建设、养老服务体系建设；组织、指导养老机构的行业管理工作和社会化养老服务、居家养老服务工作等职责。

三、支持养老机构生存发展的需要

截至 2019 年底，中国大陆有各类养老服务机构和设施 20.4 万个，其中注册登记的养老服务机构 3.4 万个，社区养老服务机构和设施 6.4 万个，社区互助型养老设施 10.1 万个；各类养老床位合计 775.0 万张（每千名老年人拥有养老床位 30.5 张），其中社区留宿和日间照料床位 336.2 万张①。2017 年发布的《"十三五"国家老龄事业发展和养老体系建设规划》提出，到 2020 年政府运营的养老床位数占当地养老床位总数的比例不超过 50%。这将促使更多养老床位将采用市场化运营方式，随着养老床位的增多和市场化供需调整机制的建设，养老机构在"十三五"期间面临优胜劣汰的生存危机，只有提升等级，供给优质服务，保持一定入住率才能在竞争中生存发展。

第二节　机构养老服务质量过程绩效分析

养老服务作为民众关注的重要问题之一，发展不充分和不平衡问题日益凸显。养老问题的供需矛盾还是依然非常突出的，主要表现在供给方，我们提供的养老服务质量还不高，还不能满足人民群众日益增长的多层次、多样化的需求②。同时国内养老服务业发展迅速，处于"青春"成长期，缺少成熟的构建理论和实践经验。采用"任务—关系"二维绩效评价模型，从过程视角分析机构养老服务质量存在的问题及成因。

一、绩效理论

"绩效"一词来源于西方，英文为"performance"，具体内涵包括：the act of performing；a dramatic production；an act or action③。"performance"被译为中

---

①　中华人民共和国民政部. 2019 年社会服务发展统计公报［EB/OL］. (2020-12-10)［2021-01-04］. http://www. mca. gov. cn/article/sj/tjgb/.

②　黄树贤，高晓兵，等. 黄树贤部长等介绍民政事业改革发展情况并答记者问［N］. 中国社会报，2018-02-02(01).

③　Geddes&Grosset. English Dictionary：Webster's Dictionary. The Popular Group, LLC，2004.

文"绩效"后,具有业绩、效绩、成效等含义,首先在经济学领域运用。随着经济社会和组织管理的发展,绩效的含义在不同的领域得到了不同的阐释,绩效既可以指结果,也可以指行为[①]。从管理学的角度看,绩效是组织期望的结果,是组织为实现其目标而展现在不同层面上的有效输出,它包括个人绩效和组织绩效两个方面[②]。针对绩效的界定主要有三种观点:第一种观点认为绩效是结果,如约翰·伯纳丁(H. J Bernardin)等认为,"绩效应该定义为工作的结果,因为这些工作结果与组织的战略目标、顾客满意感及所投资金的关系最为密切。"[③]第二种观点认为绩效是行为,如博尔曼和摩托维德罗认为行为绩效包括任务绩效和关系绩效两方面[④]。第三种观点则认为绩效是胜任特征或胜任力。

机构养老是指根据老年人生存发展需求,从生活照料、膳食、安全保护、医疗/康复护理、心理/精神支持、文化娱乐等方面,通过环境改造、辅助设备运用、队伍建设、管理等措施,服务于集中在一定场所内老年人的模式。机构养老服务质量改进提高作为一项复杂的质量系统建设工程,对于其质量的分析实际上是对机构养老服务绩效的考察,涉及机构养老服务的结果、过程和影响因素等内容。因此,博尔曼和摩托维德罗提出的"任务—关系"二维绩效评价模型更契合机构养老服务质量存在问题及成因的分析。"任务—关系"二维绩效评价模型边界定义比较清晰,任务绩效是指个人和组织在一段时期内通过工作活动对组织目标规定任务完成情况所做的贡献;而关系绩效是一种过程导向的绩效,指组织或个人不直接通过工作活动而是通过组织内社会及心理背景行为来促使任务绩效的提高,在任务完成的同时对组织内人际关系和周边环境产生的一种正外部性,最终呈现出双赢或多赢的局面[⑤]。从绩效视角来分析,机构养老服务的主要任务包括生活照料、膳食、安全保护、医疗/康复护理、心理/精神支持、

---

① 瞿雨秋. 高技能人才队伍建设成效的影响因素及提升对策研究[D]. 杭州:浙江大学,2016.

② 许丹,葛玉辉,饶启聪. 从价值链视角分析企业高绩效人才队伍的建设[J]. 科技管理研究,2010,30(2):139-142.

③ 约翰·伯纳丁. 人力资源管理实践的方法[M]. 彭纪生,译. 南京:南京大学出版社,2009.

④ Borman, W. C., Motowidlo, S. J. Expanding the criterion domain to include elements of contextual performance, Personnel selection in organization[J]. SanFrancisco: Jossey_Bass,1993.

⑤ Borman, W. C., Motowidlo, S. J. Expanding the criterion domain to include elements of contextual performance, Personnel selection in organization[J]. SanFrancisco: Jossey_Bass,1993:71-98.

文化娱乐等,而在服务过程中,会受到环境、管理、人员、设施设备等因素影响。运用"任务—关系"二维绩效评价模型,机构养老服务质量存在问题可以对应任务绩效分析,建设影响因素对应关系绩效分析。

二、研究对象

宁波老龄化程度相对较高,预计到 2021 年,户籍老人将突破 160 万,将占户籍人口的 26%。针对养老服务需求,宁波市依托经济社会基础较好优势,较好打造了养老服务体系,基本解决了一床难求的社会民生问题。截至 2019 年底,宁波共有养老机构 282 家,其中民办养老机构近 150 家,涵盖了公建公营、公建民营、民建民营等各种类型,在养老服务方面具有一定代表性。

宁波于 2015 年颁布实施了"养老机构服务规范"①和"养老机构等级划分规范"②两项地方标准,形成了以服务质量考评为重点的评价体系,涵盖机构养老服务生活照料、膳食、安全保护、医疗/康复护理、心理/精神支持、文化娱乐环境、设施设备、人力资源队伍建设、管理等相关因素的评价。2017 年,宁波依据"宁波市养老机构等级管理办法"③,启动了首次养老机构等级评定工作,经各级机构申请,县市区民政部门评估推荐,宁波参评 AAA 级养老服务机构共 18 家。宁波民政局组织评估专家组对 18 家参评单位进行了现场考察评价,因其中 2 家消防安装整改未完成,提取其中 16 家评估数据作为分析对象(见表 4-1)。这 16 家机构总床位数为 8074 张,占宁波社会养老床位数的 17.39%,并且涵盖了宁波大部分服务质量较高的机构养老单位。因此,本章课题研究对象覆盖范围广、代表性强、可信度高。

表 4-1　研究对象基本情况　　　　　　　　　　　　(单位:个)

公建公营	公建民营	民建民营
6	4	6

三、研究分析

依据《宁波市养老机构等级评定评分细则(试行)》,采用实地走访、现场查

---

① 宁波市质监局:宁波市养老机构服务规范(DB3302/T 1064—2014)。

② 宁波市质监局:宁波市养老机构等级划分规范(DB3302/T 1065—2014)。

③ 宁波宁波市民政局.宁波宁波市民政局关于下发《宁波市养老机构等级评定管理办法》的通知(甬民发〔2016〕36 号)[EB/OL].(2017-08-11)[2020-01-04].http://www.nbmz.gov.cn/cat/cat212/con_212_35985.html.

阅档案资料、访谈养老服务工作人员和入住老年人、问卷调查等方式,对 16 家机构养老单位生活照料、膳食、安全保护、医疗/康复护理、心理/精神支持、文化娱乐环境、设施设备、人力资源队伍建设、管理等方面存在问题进行了分析梳理。最终经过研究讨论,认为各机构养老服务质量存在问题及影响因素如本章附表"基于'任务—关系'二维绩效评价模型分析宁波养老机构服务质量存在的问题"所示。

四、研究结论

(一)机构养老服务质量总体情况

通过对本章附表中机构养老服务质量存在问题归类分析,得出医疗/康复护理服务、心理/精神支持服务和膳食服务是影响服务质量的主要因素,存在问题比例分别达到 93.75%、93.75% 和 81.25%;生活照料服务和膳食服务存在问题比例也较高,超半数以上机构养老单位存在相关问题;文化娱乐服务存在问题相对最低(见表 4-2)。

表 4-2　机构养老服务质量任务因素存在问题比例情况

生活照料服务	膳食服务	安全保护服务	医疗/康复护理服务	心理/精神支持服务	文化娱乐服务
56.25%	81.25%	56.25%	93.75%	93.75%	18.75%

对机构养老服务质量存在的 64 项具体问题进行同类合并,共提取出 24 项问题,其中生活照料服务、膳食服务、安全保护服务、医疗/康复护理服务、心理/精神支持服务、文化娱乐服务分别有 5、5、1、8、4、1 项(见表 4-3)。

表 4-3 机构养老服务质量任务因素存在主要问题情况

生活照料服务	膳食服务	安全保护服务	医疗/康复护理服务	心理/精神支持服务	文化娱乐服务
①无清洁卫生服务操作流程；②无老年人生活活动能力评估记录；③饮食照料无喂食服务流程；④无老年人评估记录；⑤排泄护理无服务操作流程	①食谱非营养师制定；②无个性化饮食服务及服务流程；③无送餐服务流程；④无个性化餐具；⑤无收集老人意见的反馈记录	①缺约束处理办法、流程，以及相关记录。	①药事服务无协议书；②药事服务非专业人员负责；③约束物品使用无记录；④药事服务缺用药反应观察及记录，精神类药物缺首诊记录；⑤无老年人感染预防处理方案及流程；⑥无紧急送医；⑦无康复护理服务；⑧无预防跌倒的评估处理方案及工作流程，以及监测记录	①无心理咨询服务制度和工作流程；②无心理问题处理预案；③无专业人员从事心理咨询工作；④临终关怀缺服务流程和记录	①文化娱乐服务无记录，无计划性

还采用词频分析法，对 64 项问题条目进行分析，得出带有服务规范内涵词汇——计划、方案、办法和制度，共出现 23 次；带有服务过程内涵词汇——流程，共出现 43 次；带有服务反馈内涵词汇——记录和台账，共出现 82 次（见表 4-4）。可见，机构养老服务质量问题有一定逻辑规律，即集中在服务的准备、实施和反馈三个阶段，其中服务反馈阶段的记录和台账材料存在问题最突出和集中，实施阶段的流程管理和准备阶段的计划、制度等问题依次递减。

表 4-4 机构养老服务质量问题关键词频次情况 （单位：个、次）

问题条目	记录	台账	流程	计划	方案	办法	制度
64	76	6	43	4	5		9

（二）各类机构养老服务质量对比

为进一步分析各类型机构养老服务质量存在的问题，对相关问题因素按照机构类型进行了分析整理，得出医疗/康复护理服务和心理/精神支持服务是各类型机构服务质量的共同症结；公建公营机构在文化娱乐服务方面存在问题较少；公建公营机构膳食服务做得较好，其他服务存在问题也相对较少；而民建民营机构安全保护服务意识强，存在问题不多，并且对医疗/康复护理服务相对投入多(见表4-5)。从最终达到AAA级养老机构比例分析,公建民营机构综合服务质量相对最好,民建民营其次(见表4-6)。

表4-5　各类机构养老服务质量任务因素存在问题比例情况

服务机构	生活照料服务	膳食服务	安全保护服务	医疗/康复护理服务	心理/精神支持服务	文化娱乐服务
公建公营	50%	100%	83.33%	100%	100%	0
公建民营	50%	50%	50%	100%	75%	25%
民建民营	66.67%	83.33%	33.33%	83.33%	100%	33.33%

表4-6　符合 AAA 级养老机构数量及占比情况　　　　　　　(单位:个)

公建公营	公建民营	民建民营
1	2	2
16.67%	50%	33.33%

(三)机构养老服务质量影响因素

根据"任务—关系"二维绩效评价模型,机构养老服务质量存在问题主要影响因素是环境、设施设备、人力资源队伍和管理,通过对本章附表分析,各影响因素在养老机构中存在问题比例,环境因素最高,达到100%;设施设备和人力资源队伍因素均为93.75%;管理因素最低,但也超过半数(见表4-7)。

表4-7　机构养老服务质量关系因素存在问题比例情况

环境	设施设备	人力资源队伍	管理
100%	93.75%	93.75%	56.25%

为进一步理清各影响因素的具体内容,通过对54项问题进行合并梳理,得出13项具体影响机构养老服务质量的原因;同时,以及高频词分析,得出人员、设备、管理、维护等因素突出,即人员的构成、设备的投入、机构的管理与机构养老服务质量提升密切相关。见 表4-8 至表4-10。

表 4-8　机构养老服务质量关系因素存在主要问题情况

环境	设施设备	人力资源队伍	管理
①建筑物内环境不符合无障碍标准②无障碍设施无定期修缮和维护记录；③院内绿地面积不足 32%；④污物处理无防止交叉感染的说明；⑤饮水机无消毒记录，阅览、活动、会客等日常活动区域无清洁记录	①护理型床位数量、洗衣场所面积、医务室面积、康复活动场所面积、康复设备投入均不符合规定；②公共浴室、厕所无紧急呼叫设备；③缺少急救器材及维护记录	①.行政管理人员占比超出标准；②专业技术人员配置及持证比例不符合标准，特别是医生、护士、养老护理员、社工、康复技术人员均不足	①无组织机构图、会议及管理制度；②无新入职员工培训记录、工作手册、服务管理制度、行政查房制度、档案资料管理制度等；③老年人出入院管理不规范；一线护理员流失率不符合规定

表 4-9　机构养老服务质量关系因素关键词频次情况　　（单位：个、次）

问题条目	修缮	维护	无障碍	消毒	护理型床位	设备	人员	管理
54	3	15	7	9	13	20	32	16

表 4-10　各类机构养老服务质量关系因素存在问题比例情况

机构	环境	设施设备	人力资源队伍	管理
公建公营	100%	100%	100%	50%
公建民营	100%	100%	100%	50%
民建民营	100%	83.33%	83.33%	66.67%

第三节　国内外机构养老服务质量研究与实践

一、国内机构养老服务质量研究现状

机构养老是将老年人集中在专门的养老机构中养老的模式。面对老龄化程度的迅速提升，在老龄产业刺激和国家老龄政策推动下，"十二五"时期机构养老快速发展，相关理论研究也不断涌现，有力推动了养老机构的进一步建设，形成了"建设—研究—指导建设"的良性发展链条。

(一)从养老服务提供方和接受方探讨机构养老服务问题

王静结合量性和质性研究方法,从多个角度探知老年人在养老机构的生活状态,同时了解机构的物理环境、社会环境、护理员和护士的服务能力及其对老年人生活质量的影响①。张利苹则从西安市社会性养老机构的软、硬件现况,包括养老机构的设施设备、人员配置、各项服务条件等现状,掌握养老机构中主要工作人员的人力资源及管理现况,以及机构内老人的生活质量状况,寻找养老护理资源管理现存问题,分析养老机构服务管理现况对老年人生活质量的影响②。

(二)从养老服务标准体系建设上探讨机构养老服务问题

景洁通过对养老机构的调研,结合数据分析,构建了养老机构服务的综合评价指标体系③。郭红艳等则提出应充分吸收日本养老服务质量管理与质量评价的核心理念,结合我国养老服务的实际发展状况,构建与我国政策体系相协调、适应我国养老机构发展的质量评价体系,推动我国养老护理服务质量的提升④。

(三)从服务质量模型构建角度探讨机构养老服务问题

梁祝昕等使用 RATER 指数这一客户服务质量评估工具,对我国养老机构服务在信赖度、专业度、有形度、同理度、反应度五个维度进行了分析,支出了机构养老服务存在问题和应对措施⑤。李栋以 SERVQUAL 为基础,根据养老机构的行业特点,提出了改进后的服务质量测评的六个维度⑥。

---

① 王静.上海市徐汇区非营利性养老机构服务现状与老年人生活质量的研究[D].上海:复旦大学,2013.

② 张利苹.西安市养老机构服务管理现况及对老年人生活质量影响的研究[D].西安:第四军医大学,2013.

③ 景洁.基于老年人视角的民办养老机构服务质量评价研究——以石家庄市为例[D].石家庄:河北经贸大学,2012.

④ 郭红艳,王黎,彭嘉琳,等.日本养老机构服务质量评价研究进展及其对我国的启示[J].中国护理管理,2013,13(5):99-102.

⑤ 梁祝昕,陈涛.民营养老机构服务质量现状分析与完善——基于 RATER 指数的视角[J].中国老年学杂志,2014,34(7):2014-2015.

⑥ 李栋.基于 SERVQUAL 的大连市养老机构服务质量测评研究[D].大连:大连工业大学,2015.

纵览国内关于养老机构服务的研究成果,大部分文章集中于探讨老人的需求、服务满意度,护理人员的现状与专业性,及养老机构所存在的问题等方面。有关养老机构的规范、考评细则很多维度集中于对行政事务的考核与规范,在有关具体服务方面考核的维度有限,很多指标停留在表面上。

二、机构养老服务质量管控经验

(一)英国侧重政府引导,强化对养老机构服务评定

英国的养老服务业国家标准目前共发布实施了 3 项相关标准,分别是《考虑老年人的住宅设计指南》(BS 4467:1991)、《标准制定考虑老年人及残疾人的需求》(PD ISO/IEC Guide 71:2001)、《老年人家庭看护质量》(BIP 2072-2005)。英国政府对于养老服务提供机构的服务质量控制和监督管理主要依照由英国财政部等颁布的家庭生活标准、居家服务机构指南、老年居家服务标准指南、残疾人居家服务标准指南、健康技术备忘录等规范性文件进行,内容主要涉及服务质量(包括护理质量、生活质量等)、服务机构要求(包括场所、环境、设施设备)、针对养老机构的评估规范(包括评估流程、评估内容、评估人员要求)等方面。

(二)美国运用市场调节,完善养老机构服务等级评定建设

美国卫生部医疗保险和医疗救助中心发布实施了两项养老服务标准,分别规定了养老服务的传统和新兴评价指标。养老机构实行准入及标准化报告制度,用于获取顾客满意度、评价和检测照料机构的服务质量,以此作为对养老机构监督检查的手段和依据。同时对养老机构开展星级评估,评估内容主要包括服务质量管理、从业人员、老年人健康检查等方面,根据评估结果对养老机构评等定级,作为消费者选择养老机构的依据之一。经过长期的经验积累,美国各养老机构都制定了各自的服务标准,涉及服务流程、服务规范、服务技术、设备设施和质量监控等方面的要求。

(三)德国依法建立服务评定规范,层层监督落实

德国中央长期照料社会保险基金联合会和联邦长期照料服务机构联合会根据法律共同制定了养老服务的原则和标准,对服务质量、质量担保及措施、机构内服务质量管理制度等给出具体规定。德国各州均建立了养老院护理质量监督机构,负责监督养老机构的服务质量。

(四)澳大利亚从质量入手,细化养老机构服务评定

澳大利亚由健康与老年部指定老年服务标准和认证代理有限公司(Aged Care Standards and Accreditation Agency Ltd.),专门从事养老机构资格认证的工作。该机构围绕管理体系、人员配置、组织发展等方面,根据健康和人员服务、老年人的居住生活方式、实际环境和安全系统 4 项标准共 44 项要求对养老机构进行质量认证。

(五)日本政府统一制定养老服务评定标准

日本的养老服务业标准具有极高的全国统一性,在养老服务业标准化建设工作方面共发布实施了 29 项国家标准。日本主要实施由厚生省老人保健福祉局制订的养老服务评定标准,涉及日常生活服务、特殊服务、其他服务、与相关业务单位的协作、设施设备与环境五方面内容,根据这五方面设定各种问题,组成服务评定项目。

三、机构养老服务质量建设启示

(一)政府职能部门宏观引导

标准化是促进质量提升的有效手段,欧美发达国家政府职能部门都参与到了养老服务相关标准制修订,乃至养老机构的等级评定工作。在政府职能部门引导下,欧美等发达国家在养老服务方面形成了宏观性指导标准,对机构养老服务质量的提升构建了完整的参照体系。

(二)社会相关配套机构组织成熟

机构养老是一项系统工作,与社会各个协作体都有密切联系,其服务质量提升需要相关社会机构组织的参与。服务标准研发、提炼,以及推广都需要企业或公益性社会组织参与,服务质量的评价也需要第三方组织机构开展。美国、澳大利亚都充分调动企业、社会组织参与养老机构服务等级评价工作。

(三)养老机构制订自身服务标准

服务质量是养老机构生存、发展的基础。欧美发达国家养老机构在国家服务标准基础上,根据各自区域特点、老年人需求、发展状况,制订了机构内部的相关服务标准,并且形成了可输出的标准体系。近年来,英国、澳大利亚、美国等养老机构来到中国推广服务操作标准或兴建养老机构,尝试输出高质量的养

老服务,迎合高端消费需求,并赢取利润。

第四节　机构养老服务质量提升策略

养老服务关系到国家、社会、家庭、机构等各个层面,服务质量提升是一项系统工程,需要政府、社会、机构协同开展工作。发达国家养老机构服务评定建设宏观上采用国家引领监督,微观层面依靠养老机构自身建设为主的方式,表现为国家层面建立灵活引导性的养老机构服务评定办法,落实监督评定机制,养老机构自身加强内涵管理和质量体系建设。而我国养老机构服务方面的工作主要是机构自身在承担,相关研究主要聚焦在服务构成、过程、成效等微观层面,宏观系统性关注缺失。这导致对机构养老服务存在问题的探讨缺乏说服力,使得相关研究流于表面,难以指导养老机构提升服务层次和质量。鉴于国内外现状与经验,针对机构养老服务质量影响因素——"人、物、管理",笔者认为构建政府宏观引领、社会组织机构全面参与、机构强化自身建设的生态体系,全面开展标准化、规范化、系统化建设是机构养老服务质量提升的重要途径。

一、构建政府行政引导监督体系

近年来,国家各级行政部门对养老服务业发展高度重视,国家层面在机构养老引导监督方面出台了《老年人权益保障法》和《养老机构管理办法》。针对养老机构服务,国家发布了《关于加强养老服务标准化工作的指导意见》、《国务院办公厅关于全面放开养老服务市场提升养老服务质量的若干意见》、《关于开展养老院服务质量建设专项行动的通知》等文件,以及《养老机构基本规范》(GB/T 29353—2012)、《老年人能力评估标准》(MZ/T 039—2013)、《养老机构等级划分与评定》(GB/T 37276—2018)等一系列养老行业标准。东部经济相对发达、老龄化程度较高省市政府行政部门在国家统一引导下,也出台了地方性文件和标准,形成了自上而下的引导体系。但是在具体监督层面,基层政府行政部门还未形成有效监督措施,上级主管行政部门也没有建立相关考核评价体系。因此,在政府行政部门,首先要将机构养老服务质量引导监督纳入政府工作考核体系,形成自上而下的考核问责体系;其次基层业务承担部门要探索契合区域养老服务业发展实际的监督策略,补上监督领域的短板。

二、培育社会组织参与协作体系

机构养老是养老产业链的中枢节点,与上下游配套社会组织机构联动性强。机构养老服务质量的提升,需要上下游配套企业全面配合协作,重点加强医疗保健、医疗护理、家政服务、娱乐休闲、老年用品生产、日常消费和信息平台等服务提供企业的发展。根据测算,2025 年,中国养老服务产业规模预计将超过 50000 亿元,但是现阶段能够生产并且可以提供市场的老年用品不足 10%,并且中国老年残疾康复辅具配置率为 10%,康复辅具服务机构和人员总数不到美国的 1/100[①]。养老产业中上下游社会组织的羸弱,制约机构养老服务质量的提升。养老产业上下游产业链打通,形成有机链条,需要以机构养老服务为中心点,向周边延伸,主要做好两个方面的工作:第一,政府行政部门针对机构养老服务需求,制定配套产业发展规划,出台强有力的配套扶持政策,通过税收、优惠政策、低息贷款等方式引导和鼓励社会资本流入,形成健全的市场化配套企业;第二,政府行政部门扶持社会公益组织、评估机构、教育机构、医疗机构等主体主动对接养老服务需求,开展基础研究、产品开发、产业化推广,突破产业发展的技术瓶颈,推动形成"产、学、研、用"紧密结合的创新链与产业链的融合。

三、形成机构主体标准规范体系

机构养老服务标准规范体系建设是机构发展的长远性、基础性、战略性工程,但是相当一部分养老机构忽视了服务标准规范体系建设,出现规模小、不正规、收费高且入住率低,一批一批夭折在不盈利或少盈利的恶劣经营环境下[②]。截至 2019 年底全国共有各类养老机构和设施 20.4 万个,政府行政部门服务规范难以覆盖所有机构的各个层面,更多的规范标准还是要发挥机构自身主体作用,在政府行政规范的总体框架下,制定针对性标准规范体系[③]。机构标准规范体系建设可以从几个方面入手:第一,提高认识,统一思想。养老机构领导层至一线员工需总体动员,认识服务标准化建设的作用价值,在思想认识上形成统一。第二,组建队伍,打造专业化团队。现有养老机构专业化管理人才奇缺,多由民政福利机构、医疗机构,或国外发达国家转移而来,对中国养老服务需求还要研究分析。在一线服务层面,专业化护理人员严重不足,50 后、60 后的护理团队难以胜任标准化建设任务。机构应加快年轻管理和服务人才队伍建设,选

① 李滨生.支持老年用品开发 促进产业发展[N].人民政协报,2017-06-12(05).
② 郜朋辛,戚振强.民营养老机构服务标准化建设必要性研究[J].价值工程,2015,34(10):321-323.
③ 陈延,刘效壮,张秀娟.养老机构标准化建设策略探析——以宁波为例[C].济南:标准化助力供给侧结构性改革与创新——第十三届中国标准化论坛,2016-10-25.

派人员参与标准化培训学习,尽快形成一支高素质、专业化、标准化的运营服务团队。第三,提炼总结,形成内部规范。中国幅员辽阔、民族众多,区域文化风俗差异较大,各机构需按照区域特色形成内部服务规范,将各项日常服务工作进行总结,形成条文,再由标准化专职人员修改提炼,形成科学、简洁、准确、富有机构特色的标准规范,并整合成体系。第四,交流提升,不断更新完善。服务标准规范需要根据时代发展,以及老年人需求持续更新完善。学习国内发达地区和国外的先进经验理论,研究不同年代老年人需求特点,因时因地调整标准规范体系。第五,宣传推广,形成服务品牌。服务标准规范体系在应用于机构内部管控的同时,更应成为机构品牌打造、吸引老年人入住的抓手。机构可通过网站、报纸、微信等载体,运用 VR、AR、AI 等新技术全面展现养老服务标准规范体系,也可征集全社会意见需求,进一步完善自身体系。

附表　基于"任务—关系"二维绩效评价模型分析宁波养老机构服务质量存在的问题

序号	机构类型	任务因素						关系因素				备注
		生活照料服务	膳食服务	安全保护服务	医疗/康复护理服务	心理/精神支持服务	文化娱乐服务	环境	设施设备	人力资源队伍	管理	
1	A	清洁卫生、饮食照料、排泄护理和照护满意度测评和监测护理及压疮预防评估记录、缺少皮肤预防评估记录，老年人床单无更换记录，居室清洁无记录，以及消毒制度和流程	无满意度测评和记录	跌倒预防缺原因分析及改善措施	约束物品使用无记录、药事反应观察及记录、精神类药物首诊记录，无老年人感染预防处理方案及流程，无紧急送医、肢体康复活动	临终关怀、心理危机处理相关资料；无心理咨询专业工作人员	缺少文化娱乐服务记录	院内绿地面积不足32%、餐场所无防蝇设备、厨房工作人员穿戴设施食物处理无工作上墙提示、洗衣场地无污染衣物洗衣流程和防止交叉感染的说明	护理型床位占比不到50%、洗衣场所面积不足50平方米、康复活动场所面积不足100平方米、康复设备投入不足30万元、老年人房间无防蚊措施、无心理咨询场所	行政管理和专业技术人员配置未达标、持证比例也未达标	无组织机构图、会议及管理制度、新入职员工培训记录、工作手册、服务管理制度、行政检查房制度、档案管理制度资料管理制度等	民建民营
2	B	/	无个性化饮食服务、无送餐流程、无个性化餐具、无收集老人意见的反馈记录	约束物品使用无知情同意书	药事服务无发药记录、跌倒预防监测记录、感染控制无传染病报告制度、无废弃物处理流程、无紧急送医记录、无康复指导记录	无专业人员从事心理咨询工作、无心理问题预案	/	建筑物内环境不符合无障碍标准、院内绿地面积不符合要求、老年人居室无防蚊虫措施、厨房无单独设置面点间、洗衣场所无防止交叉感染说明	护理型床位数量、洗衣场所面积、医务活动场所面积、康复设备投入不符合规定、公共浴室无所无紧急呼叫设备、缺少急救器材及维护记录	行政管理人员、专业技术人员配置比例证未达到标准	无员工花名册、无档案管理制度和程序	公建公营

续　表

序号	机构类型	任务因素						关系因素				备注
		生活照料服务	膳食服务	安全保护服务	医疗/康复护理服务	心理/精神支持服务	文化娱乐服务	环境	设施设备	人力资源队伍	管理	
3	C	/	服务反馈未按要求进行统计	无约束事件记录，无监测记录	无精神患者首诊记录，缺跌倒预防原因分析及改善措施，无感染预防预案，紧急送医交通工具不完善，肢体康复活动无专人指导，无记录，无为临终老人提供活动照料护理服务，医疗照料护理服务记录	无专业人员从事心理咨询活动	/	绿地面积未达到标准，洗衣房无消毒设施设备，洗衣场所无防止交叉感染说明	护理型床位占比，康复活动场所面积，康复设备投放人都不符合要求，公共浴室和公共厕所均无紧急呼叫设备	医疗、康复、社工专业技术人员配置及持证未达标	/	公建公营
4	D	无特殊排泄护理服务	无个性化餐具，送餐服务比例不符合规定	/	/	缺新入住老人"适应计划"，针对心理危机，无干预事件，预处置记录和处理措施	文化娱乐少，无计划	楼梯建设不符合规范，无障碍地面积不符合要求；无防蚊虫的具体举措，饮水机无消毒记录，阅览、活动、会客等日常活动区域无清洁记录	护理型床位占比不足50%；无障碍通道的地面、坡道扶手、楼梯防护栏、浴室坡道，轮椅进出标准，康复器材无维护记录	社工配置未达到标准		民建民营

续 表

序号	机构类型	任务因素						关系因素				备注
		生活照料服务	膳食服务	安全保护服务	医疗/康复护理服务	心理/精神支持服务	文化娱乐服务	环境	设施设备	人力资源队伍	管理	
5	E	缺特殊排泄护理日常记录	/	约束物品使用记录，以及老人跌倒监测记录不完整	感染控制记录不完整，紧急送医与家属联系记录不完善	临终关怀服务流程和记录缺	/	楼内扶手不连贯，无障碍通道部分被阻挡	护理型床位不足50%；室外人均活动场所面积不足3平方米	行政人员占比超过22.7%，比例超过12%；医疗、康复、厨师未达到规定比例	/	公建民营
6	F	皮肤护理及压疮预防缺风险评估记录	无个性化饮食流程，记录不完整，无个性化餐具	约束物品使用缺少使用记录	药事服务无协议书，跌倒预防缺操作流程，感染控制缺污染废弃物、污染物处理流程，无紧急送医流程，无肢体康复活动记录	无专业人员从事心理工作，无心理问题处理预案	/	污物处理上无防交叉感染说明	公共厕所无紧急呼叫设备，康复保养器材无维护记录	康复、社工专业技术人员配置比例证比例未达标	/	公建公营

续　表

序号	机构类型	任务因素						关系因素				备注
		生活照料服务	膳食服务	安全保护服务	医疗/康复护理服务	心理/精神支持服务	文化娱乐服务	环境	设施设备	人力资源队伍	管理	
7	G	/	缺个性化饮食信息采集及服务记录，无送餐服务记录，无个性化餐具	/	缺防跌倒工作流程，无感染病报告制度，无预防工作流程，无肢体康复活动记录，无临终关怀服务流程，协助家属记录不完整	无心理评估记录，心理危机事件干预处置记录不完整		院内绿地面积不符合要求；饮水机无消毒记录，区域卫生无消毒记录，也无清扫和消毒流程	康复活动场所面积和康复设备投入不符合规定；公共厕所无紧急呼叫设备	行政人员占比为15.5%，不符合规定；医疗、康复、社工专业技术人员配置未达到要求；医疗、康复等人员持证比例未达到要求	无员工选聘制度，无员工手册；无档案管理制度，相应程序不完善；生活照料服务方面，缺清洁卫生操作流程和日常工作记录	民建民营

续 表

序号	机构类型	任务因素						关系因素				备注
		生活照料服务	膳食服务	安全保护服务	医疗/康复护理服务	心理/精神支持服务	文化娱乐服务	环境	设施设备	人力资源队伍	管理	
8	H	老年人活动、会客等日常活动记录，无定期清洁、消毒制度和流程，储藏空间无分类标识，没有定期盘点，也无储藏物品、无服务台账资料记录	无服务台账资料记录	无服务台账资料记录	无服务台账资料记录	无服务台账资料记录	无服务台账资料记录	建筑内楼梯、走廊、出入口等无障碍设计不符合规定，无障碍通道的地面扶手、坡道防护学缘、楼梯防滑条等无定期修缮和维护记录	护理型床位占比未达到50%；康复设备投入不足30万元；饮用水设备无消毒记录；厨房无单独粗加工场地，洗衣场地无污染和防止洗衣流程和防止交叉感染急数箱的说明；急数箱无维护记录，康复治疗器材无定期维护	行政人员和专业技术人员配置及持证率未达到标准	老年人出入院规范管理不到位，无服务管理、行政查房、档案资料管理等相关制度	公建民营

续表

序号	机构类型	任务因素						关系因素				备注
		生活照料服务	膳食服务	安全保护服务	医疗/康复护理服务	心理/精神支持服务	文化娱乐服务	环境	设施设备	人力资源队伍	管理	
9	I	无清洁卫生服务操作流程,无老年人生活活动能力评估记录,饮食照料无喂食服务流程,无老年人评估记录,排泄护理无服务操作流程,无老年人评估记录	食谱非营养师制定,无个性化饮食服务及服务流程,无送餐服务流程,无个性化餐具	缺约束处理办法及流程	无预防跌倒的评估处理方案及工作记录,无监测记录,无紧急送医办法及流程,无为不能自理老人提供肢体被动和主动运动和相关记录	无心理咨询服务制度和工作流程,无心理问题处理预案	/	无防蚊虫的具体举措,无饮水机消毒记录,厨房备用人员穿戴设备无提示说明,洗衣场地无防止交叉感染说明	厕所无紧急呼叫设备,康复器材无定期维护记录	行政人员占比为27%,不符合规定,无专业会计人员,无工、社、康、复、营养等专职人员,医生、护士配置不足,专业技术人员占比不符合规定,养老护理证持证比例不符合规定	无机构设置工作流程图及组织机构,职责分工不明确,无员工花名册;无服务管理;无委托服务管理制度,服务质量追踪、检查、投诉处理机制,行政查房制度;员工档案保存不完整	民营民建民营

续表

序号	机构类型	任务因素							关系因素			备注
		生活照料服务	膳食服务	安全保护服务	医疗/康复护理服务	心理/精神支持服务	文化娱乐服务	环境	设施设备	人力资源队伍	管理	
10	J	无清洁卫生服务操作流程,无老年人生活活动能力评估记录,饮食照料无喂食服务流程,无老年人评估记录,排泄护理无服务操作流程,无老年人评估记录	食谱非营养师制定,无个性化餐具	缺约束处理办法及流程	无预防跌倒的评估处理方案及工作流程,无监测记录,无为不能自理老人提供肢体被动和主动运动,无相关记录	无心理咨询服务制度和工作流程,无心理问题处理预案	/	污物处理无防止交叉感染的说明	护理型床位占比不足50%;康复设备投入不足30万元;无障碍通道中地面,手,坡道,防滑等无定期修缮维护记录;其他康复治疗器材中缺少维护记录	行政管理人员占比为39%,超过12%的标准,专业技术人员中缺少社工,康复和营养持证工作人员,养老护理员持证比例不符合要求	无员工工作手册,无新入职员工培训记录;缺少对入住老年人档案的动态管理,员工合同保存不完整	公建公营

续　表

序号	机构类型	任务因素						关系因素			管理	备注
		生活照料服务	膳食服务	安全保护服务	医疗/康复护理服务	心理/精神支持服务	文化娱乐服务	环境	设施设备	人力资源队伍		
11	K	无清洁卫生服务操作流程,无老年人生活活动能力评估记录,饮食照料无喂食服务流程,无老年人评估记录、排泄护理无服务流程,无送餐服务操作流程,无老年人评估记录,无皮肤护理及压疮预防处理办法及操作流程	食谱非营养师制定,无个性化饮食服务流程及个性化餐具	缺约束处理办法及流程	无预防跌倒的评估方案及工作处理流程,无监测记录,无为不能自理老人提供肢体被动和主动运动,无相关记录,无临终关怀服务流程	无心理咨询服务制度和工作流程,无心理问题处理预案	/	厨房工作人员着装无说明,厨房无单独点间,洗衣房无消毒设备,不能对衣物进行消毒、洗衣场地无防交叉感染止说明	康复设备投入不足30万元;储藏物品无定期盘点记录,公共厕所无紧急呼叫铃,浴室无紧急呼叫铃、急救器材无维护记录,康复器材无维护记录	行政人员占比为23%,不符合规定标准,无康复技术工作人员,营养和医务人员配置不足,专业技术人员占比不符合规定、养老护理员比例不符合规定	无针对老年人服务、老年人及监护人(租保人)协商记录,无重要服务项目专项考核奖励办法,无质量追踪、检查、投诉处理制度,未对入住老人信息进行动态资料管理	公建公营

续 表

序号	机构类型	任务因素						关系因素				备注
		生活照料服务	膳食服务	安全保护服务	医疗/康复护理服务	心理/精神支持服务	文化娱乐服务	环境	设施设备	人力资源队伍	管理	
12	L	/	无个性化餐具	/	药事服务中缺少治疗精神类疾病的药物还须首送医记录，紧急送医服务中缺少与老人家属实时联系记录，康复活动中缺少个性化的肢体康复记录及活动计划及记录	未定期为老人进行健康评估，无心理记录，心理危机处理方面无预案，无干预机制		洗衣场地内污洁未分开，洗衣流程需进一步明确	多人使用的公共浴室未设置隔间和隔帘，缺少急救器材，存在潜在风险	行政管理人员占比超过12%，医疗、康复、社工人员配置及持证比例未达标	缺少专业工心理人员，对员工心理健康问题的关注	公建民营
13	M	/	缺服务反馈记录	/	药事服务非专业人员负责，无服药观察记录，药预防跌倒工作处理流程；无监测记录，无符合法规处理流程的传染病预防及处置工作流程；设有为不能自理老人提供肢体被动和主动运动，无相关记录，无临终关怀服务流程	针对心理危机事件，无干预处置记录和处理措施		洗衣房无消毒设备，洗衣场地无防止交叉感染说明	护理型床位未达到规定	医疗、康复、社工等人员配置及持证比例未达到标准		公建公营

续表

序号	机构类型	任务因素						关系因素				备注
		生活照料服务	膳食服务	安全保护服务	医疗/康复护理服务	心理/精神支持服务	文化娱乐服务	环境	设施设备	人力资源队伍	管理	
14	N	/	/	/	未向不能自理老人提供肢体被动和主动运动服务，无个性化的肢体康复活动计划及记录	无心理咨询服务制度和工作流程；无心理问题处理预案	/	扶手、地面、坡道防护缘等无修缮维护记录	康复服务活动场所未投入使用，康复设备投入未达到30万元；轮椅无维护记录，在用康复器材无定期维护记录	医生、康复专业技术人员配置未达到要求；无康复和营养方面专业技术持证人员，各级护理员持证比例不符合规定	无针对老年人服务、老年人感染控制，监护人（担保人）协商等协议的记录，一线护理员流失率不符合规定，无针对新入职员工的培训记录，无专业人员关注员工心理健康问题	民建民营

续表

序号	机构类型	任务因素						关系因素				备注
		生活照料服务	膳食服务	安全保护服务	医疗/康复护理服务	心理/精神支持服务	文化娱乐服务	环境	设施设备	人力资源队伍	管理	
15	O	/	/	/	无老人及家属自带药物发放档案资料,感染记录及监测记录不全,老人紧急送医及老人家属联系记录不全,无康复专业人员		/	洗衣场地无防止交叉感染说明	公共厕所要求有2处,紧急呼叫铃,现员有1处	社工配置未达标	/	公建民营
16	P	特殊排泄护理服务记录不完整	服务反馈记录不完整	/	药事服务缺精神类药物首诊记录,跌倒监测记录不完整,临终关怀协助家属做好其他事宜记录缺失	无心理咨询服务制度和工作流程	/	院内绿地面积不足32%,不符合标准;洗衣场地无防止交叉感染说明	/	/	/	民建民营

第五章　宁波智慧健康养老服务体系

　　健康养老事关国家发展全局、亿万百姓福祉，以及人类文明和社会进步，也是构建全方位全生命周期健康服务体系的必要组成。习近平总书记提出有效应对人口老龄化必须"加强顶层设计""搞好顶层设计"，并把老龄工作定位为全党工作的重要组成部分。《智慧健康养老产业发展行动计划（2017—2020年）》提出，智慧健康养老利用物联网、云计算、大数据、智能硬件等新一代信息技术产品，能够实现个人、家庭、社区、机构与健康养老资源的有效对接和优化配置，推动健康养老服务智慧化升级，提升健康养老服务质量效率水平。

　　宁波为应对养老服务供给不能满足人民群众日益增长的多层次、多元化、多类型需求的供需矛盾，在智慧健康养老的宏观——政策制度、微观——实践探索等方面进行开展了尝试。为进一步加快宁波智慧健康养老服务体系建设，在探求存在问题原委、挖掘宁波优势基础上形成对策。因此，笔者提出如下建议：第一，整合"政府部门、社会群体、市场要素"三类主体的各自力量；第二，构建"智能居家养老""医康养护社区""信息化机构养老"三类平台；第三，打造融合"街道（乡镇）、县区、市"三级智慧健康养老服务中心的体系。

第一节　智慧健康养老发展背景

　　智慧健康养老是第四次工业革命和积极应对人口老龄化的产物，最早由英国生命信托基金提出，也被称为"全智能老年系统"①。我国老龄办于2012年初提出"智能化养老"的理念，鼓励智能化设备手段融入养老服务，进而形成一个

---

　　① 左美云.智慧养老的内涵、模式与机遇[J].中国公共安全,2014(10):48-50.

高度灵活、人性化、数字化的养老产品生产与服务模式。

一、中国人口老龄化迫切需要智慧化技术支撑

(一)老龄人口基数大,社会负担加重

第七次全国人口普查数据显示全国大陆总人口为 14.1178 亿人,其中 60 周岁以上老年人 2.6402 亿、65 周岁以上老年人 1.9064 亿,占比分别达到 18.7%、13.5%[①],从老龄化社会迈入老龄社会只有一步之遥(距离 65 岁以上人口占总人口的比例超过 14%仅差 0.5%,见表 5-1)。

表 5-1 2009—2020 年我国老龄人口(65 岁及以上)增长趋势

年 份	总 数/亿	占我国总人口比重	占世界老龄总人口比重
2009 年	1.06	7.93%	20.61%
2010 年	1.08	8.07%	20.63%
2011 年	1.11	8.26%	20.68%
2012 年	1.14	8.45%	20.71%
2013 年	1.18	8.68%	20.78%
2014 年	1.22	8.97%	20.94%
2015 年	1.28	9.33%	21.21%
2016 年	1.35	9.80%	21.60%
2017 年	1.43	10.35%	22.09%
2018 年	1.52	10.92%	22.58%
2019 年	1.76	12.60%	/
2020 年	1.91	13.5%	/

数据来源:国家统计局、快易数据。

我国在老龄人口增长快、数量大、占比高的同时,老年人整体健康水平不高。据统计,我国老年人中 1.8 亿患有慢性病,其中 75%患有一种及以上慢性病,失能、部分失能老年人约 4000 万;健康预期寿命(68.7 岁)远低于人均预期寿命(2018 年 77 岁),老年人预计有 8.3 年带病生活,健康老龄化形势不容乐观。这给老年人个人、家庭带来负担的同时,也给社会医疗服务、养老金支付、

① 中华人民共和国国家统计局.第七次全国人口普查主要数据情况[EB/OL].(2021-05-11)[2021-05-25].http://www.stats.gov.cntjsjzxfb/202105/t20210510_1817176.html.

为老公共服务带来了挑战。

(二)老龄化进程超快,养老准备不足

我国老龄化进程呈现超快速特征,自 1999 年开始进入老龄化社会至 2020 年,仅 21 年时间老年人口数量增长了 80%,预计 21 世纪中叶将到达老年人口占总人口 35% 的峰值。这一过程我国将仅用 50 年左右时间,而英国、法国等国家这一过程基本都在 100 年以上。超快的老龄化进程,导致我国多方面养老准备存在短板。首先,支付储备不足。我国养老服务准备资金为 8.9 万亿人民币,而美国则达到了 31 万亿美元,支付储备不足制约了我国老年人养老服务的购买能力。民政部统计数据显示,截至 2017 年末,全国各类养老服务机构和设施 15.5 万个,其中注册登记养老服务机构 2.9 万个,社会互助型养老服务设施 8.3 万个,社区养老机构和设施 4.3 万个,各类养老床位 744.8 万张,比 2012 年增加 328.8 万张,增长 79.04%,每千名老年人拥有养老床位 30.9 张,比 2012 年增加 9.4 张,增长近 44%。但是,受到支付能力的制约,养老机构平均入住率仅为 50% 左右①。其次,保障体系较弱,长期照护体系不健全。据人社部统计,截至 2017 年末,全国养老保险覆盖达到 97.90%,其中农村养老保险也达到 93.38%。但是,城乡、地区养老保障水平差距较大,特别是农村养老保险金,按照 500 元档位缴纳 15 年计算,最后可以领取的养老金是 263 元/人/月。同时,我国现阶段还未形成长期照护制度的专项规划和立法,相关政策实践刚起步试点,商业性长期护理保险项目的发展速度极为缓慢,对长期照护体系建构缺乏整合②。最后,社会化养老服务职业认同低,养老服务人才短缺。社会对于老龄化问题的忽视依然存在,老年群体往往无法得到公正的资源和机会分配,进一步导致养老服务人员劳动强度高,薪资水平低,职业前景不明,成长空间小,年轻人不愿进入。据民政部、国家卫健委等部门统计,现阶段养老护理从业人员仅有 30 万名,不足趋向明显。

(三)城镇化水平提升,家庭养老变弱

城镇化是经济发展、社会进步的必然趋势,也是资源集聚和生产力水平提升的重要标志。我国城镇化起步晚,1978 年城镇化水平为 17.9%,改革开放以来,平均以每年 1% 的速度提升。国家统计局统计数据显示,截至 2018 年城镇

---

① 乔晓春.养老产业为何兴旺不起来?[J].社会政策研究,2019(2):7-21.

② 陆杰华,阮韵晨,张莉.健康老龄化的中国方案探讨:内涵、主要障碍及其方略[J].国家行政学院学报,2017(5):40-47,145.

人口占总人口比重(城镇率)为 59.58％。城镇化水平的提升,大量农村劳动力人口转化为社会化工业人口,赡养老年人的人力资源明显不足,导致传统家庭养老服务功能弱化。根据国家第七次人口普查数据分析,居住在城镇的人口为 90199 万人,占 63.89％;居住在乡村的人口为 50979 万人,占 36.11％。与2010 年相比,城镇人口增加 23642 万人,乡村人口减少 16436 万人,城镇人口比重上升 14.21 个百分点,到本世纪中叶我国达到中等发达国家水平,城镇化水平在 75％左右,还将有 1.5 亿左右人口进入城市[1]。这将进一步引发家庭赡养老人劳动力的减少,同时超级老龄化社会的到来,空巢老人、高龄老人、独居老人增加,传统家庭养老模式"解体",城市依靠家庭成员代际养老服务难以为继。

(四)老年人个性差异大,养老需求多样化

随着有健康、有知识、有活力、有经济能力的 60 后逐步迈入老年人行列,老年人需求升级趋势明显,需求结构从生存型向发展型转变,对于物质生活的高品质、精神生活的高品位的追求日趋强烈。《中国城乡老年人生活状况调查报告(2018)》显示,在上门看病、做家务、康复护理等服务位居需求前列以外,有10.6％的老年人需要心理咨询或聊天解闷服务,10.3％的老年人需要健康教育服务[2]。同时,由于地域分布、社会风俗习惯、区域经济发展差异等自然和社会因素的影响,以及老年人个体机能差异的影响,不同老年人需求内容差异较大,产业化"一刀切"形式提供服务已经不能适应老年人需要,急需精准统计分析老年人需求,智能化提供精准服务,让老年人人拥有丰富多彩、富有尊严的晚年生活。

二、中国的人口老龄化将是智慧产业的新空间

《需求侧视角下老年人消费及需求意愿研究报告》认为我国老龄产业市场潜力巨大,发展前景广阔,老龄产业有望成为经济发展新增长点[3]。专家预测,老龄产业规模 2030 年将达到 22 万亿元,对 GDP 拉动将达到 8％。随着物联网、5G 技术、大数据、智慧化等科技水平提高带动老龄产业发展,智慧养老是未

① 中华人民共和国国家统计局.第七次全国人口普查主要数据情况[EB/OL].(2021-05-11)[2021-05-25].http://www.stats.gov.cntjsjzxfb/202105/t20210510_1817176.html.
② 党俊武.老龄蓝皮书:中国城乡老年人生活状况调查报告(2018)[M].北京:社会科学文献出版社,2018.
③ 人民网.老龄产业有望成为经济发展新增长点[EB/OL].(2019-04-16)[2020-01-15].http://world.people.com.cn/n1/2019/0416/c190970-31032926.html.

来发展的重要方向,也将成为智慧产业发展的蓝海。

(一)国家政策引导支持体系建立

自 2015 年 7 月,国务院出台《关于积极推进"互联网+"行动的指导意见》,明确提出"促进智慧健康养老产业发展"的目标任务,将"互联网+"与养老产业和社会保障服务等益民服务进行积极融合以来,国家智慧健康养老政策逐步系统化、专业化,并上升为国家应对人口老龄化的重要举措。2016 年 12 月,国务院办公厅出台的《关于全面放开养老服务市场,提升养老服务质量的若干意见》,首次在国家政策中提出"智慧养老";2017 年 2 月,工业和信息化部、民政部、国家卫生计生委等三部委联合印发《智慧健康养老产业发展行动计划(2017—2020 年)》,明确建立覆盖全生命周期的智慧健康养老产业体系;2018 年 8 月,工信部、民政部、国家卫计委联合公布了《智慧健康养老产品及服务推广目录(2018 年版)》,进一步细化了对于智慧健康养老服务的支持内容;2019 年 11 月,中共中央、国务院印发《国家积极应对人口老龄化中长期规划》,提出要把技术创新作为积极应对人口老龄化的第一动力和战略支撑,全面提升国民经济产业体系智能化水平[1]。

(二)老年人需求侧开发潜力巨大

2019 年 8 月,国家互联网络信息中心(CNNIC)发布的第 44 次《中国互联网络发展状况统计报告》显示,截至 2019 年 6 月,我国网民规模达到 8.54 亿,其中老年人占比为 6.9%,并且呈现互联网持续向中老龄人群渗透的趋势。据调查,情感和沟通需求是中老年人互联网生活的突出内容,分别有 76.5% 和 72% 的中老年用户浏览了与慰藉心灵、调节情绪有关的心灵鸡汤和幽默段子[2]。在老年人网民数量巨大、稳步增加,以及互联网信息技术依赖度高的有利条件下,挖掘老年人智慧健康服务需求空间较大。据调查,现阶段老年人智能养老设备使用率普遍偏低,智能血压计使用率最高,但也仅为 28.8%,其他可穿戴设备、智能家居等使用率则更低。但是,老年人日常生活和消费上展现出积极拥抱移动互联网的特性,并且社交驱动特点突出,例如 80% 的老年人使用移动端

---

① 中华人民共和国中央政府. 中共中央 国务院印发《国家积极应对人口老龄化中长期规划》[EB/OL].(2019-11-21)[2020-01-15]. http://www. gov. cn/xinwen/2019-11/21/content_5454347. htm.

② 孙龙,黄亚楠.《中老年互联网生活研究报告》发布[EB/OL].(2018-03-26)[2020-01-15]. http://cass. cssn. cn/baokanchuban/201803/t20180326_3887425. html.

APP,其中微信、QQ等社交软件使用占比最高。因此,结合老年人生活习惯、心理需求、发展需要,通过社交软件切入智慧健康养老服务和产品将更具成效。

(三)社会经济发展规律有力驱动

制度、技术和人是影响社会发展的三大核心因素,第四次工业革命带来的新技术,以及全球老龄化加剧,促使人工智能、大数据、机器人等为代表的新技术应用于老年人健康服务。近年来,科技企业涉入养老服务迅速增加,据市场调研机构统计,2019年,在82家涉及养老产业的A股主板上市公司中,以软件和信息服务业为主的公司有14家,占比为17.1%,仅次于房地产企业①。同时,老年人数量的增加也带来社会经济结构的变化,成为孕育新产业、新业态、新模式,推动信息技术产业转型升级的重要力量。老龄化程度较高的发达国家,医养产业占到了GDP的25%,成为各类资本争相涉入的产业,以技术创新为核心的智慧产业也积极参与其中。

(四)解决老龄化社会问题的支撑

老龄化是全球趋势,也是人类发展历史上的新阶段。老龄化给整个社会建设发展带来了诸多挑战,从基础设施不适应到社会服务严重不足,从劳动力稀缺性提高到少子化趋势日益严峻,从养老金收支失衡到医养资源融合欠深,这些问题进一步制约了我国经济增长、机构调整、创新驱动,成为我国实现两个一百年奋斗目标进程中必须考虑的一个长期的变量②。源于技术迭代和创新智慧产业成为应对老龄化问题的有效措施,已进入超老龄化的日本围绕老年人生活和护理支撑方面研发应用了一批先进的智慧健康养老工具,有效缓解了老龄化社会带来的一系列问题。随着人工智能、物联网、云计算、大数据等新一代信息技术和智能硬件在老年用品领域的深度应用,智慧化康复辅助器具、健康监测产品、养老监护装置、家庭服务机器人、可穿戴服装服饰、日用家居家电将逐步普及,在智慧健康养老设施、服务、产品、运营、照护等方面形成系统化支撑体系,应对老龄化社会问题。

(五)智慧健康养老模式初具雏形

自2015年国家政策全面支持智慧健康养老发展以来,以信息科技创新行

---

① 刘静.分析82家涉足养老产业的上市公司[EB/OL].(2019-02-27)[2020-01-15]. https://www.iyiou.com/p/93456.html.

② 郝福庆.老龄化带来的机遇与挑战[J].小康(财智),2015(8):26.

业企业和各类养老服务机构为主体,智慧健康养老通过各行业多元化的跨界融合、协同,为应对老龄化挑战提供"新概念、新模式、新产品"。围绕老有所养、老有所依、老有所乐、老有所安的为老服务目标,智慧健康养老具体内容主要涵盖智慧助老、用老、孝老三方面,在具体模式构建上形成了基于互联网平台的智能居家养老模式、社区街道医养护一体化模式、信息化机构养老服务模式、智慧化医康养护虚拟平台模式。下面以上海市十大智慧健康养老典型案例优秀奖中的代表进行介绍。

1.智能居家养老模式

上海市奉贤区民政局负责全区养老服务体系建设工作。奉贤区为全国第三批居家和社区养老服务改革试点地区、智慧健康养老示范基地、首批长三角区域养老一体化试点单位。智慧居家养老服务系统项目是致力于通过科技化手段提升居家养老生活品质的"养老精细化"项目。线上通过智慧管理平台实时采集智慧设备信息,为4200位居家老人提供居家生活监测、应急救助、定位、健康管理等服务;线下利用积分融合活动为老年人提供丰富的社区活动。通过运营管理中心连接线上线下,实现"心服务 馨生活 智慧居家 自在享老"的居家养老模式。

2.社区街道医养护一体化模式

上海市浦东区周家渡街道建于1958年,是浦东最老的街道,就街道"老龄化、高龄化"的特征,努力探索"多样化、个性化"养老服务。周家渡街道社区综合为老服务中心作为2019年世界人工智能大会智能养老场景,集居家增能、家门口为老服务、智慧养老大数据等为一体,为社区长者提供日托、长照、康乐活动、公益便民等服务。在5G网络支撑下,以社区综合为老服务中心为核心,依托街道32个家门口服务站,将中心赋能,延伸至社区,实现"医养资源"在15分钟服务圈内可达可触可及,构建周家渡街道的"1+32+X"三级为老服务网络。

3.信息化机构养老服务模式

上海市第四社会福利院智慧养老平台是以智慧养老为基础、多种服务应用共享的综合性服务平台。平台运用先进的信息技术(物联网、互联网、移动互联网技术、智能呼叫、云技术、GPS定位技术、AI行为分析等),创建"系统+服务+老人+终端"的智慧养老服务模式,涵盖机构养老、居家养老、社区日间照料等多种养老形式。通过跨终端的数据互联及同步,连通各部门及角色,形成一个完整的智慧管理闭环,实现老人与家属、服务机构、医护人员的信息交互,对老人身体状态、安全情况和日常活动进行有效监控,满足其生活、健康、安全、娱乐等各方面需求。

4.智慧化医康养护虚拟平台模式

长宁区智慧养老大数据管理中心是由长宁区民政局建设的养老服务综合信息化大数据平台,它由一个数据库、三个公众平台、六个功能系统、六个辅助系统以及服务运营平台组成。平台以互联网、物联网、大数据、云计算等技术为支撑,以智能终端、敬老卡和热线电话(22199999,962899)为纽带,整合各类为老服务资源,融合信息收集、服务支撑、数据分析、业务监管等功能于一体,通过大数据分析,及时推送为老服务信息,促进养老服务供需有效对接、管理精准高效。平台与上海市综合为老服务平台紧密对接,与市、区相关数据库互联互通,形成"市、区、街镇"三级网络构架,着力打造长宁区"养老淘宝"和"没有围墙的养老院",为建设全人群覆盖、全天候响应、全方位服务、全过程监管的智慧养老服务体系提供有力支撑。

随着智慧健康养老服务体系的逐步成熟,养老服务商业模式、技术模式、服务模式将出现变革,促进新兴业态的产生发展。

第二节　智慧健康养老现状与成效

近年来,我国东部发展较快、经济基础较好、人口老龄化较重的城市,不断创新养老服务事业发展模式,提升人民群众的获得感与幸福感。宁波作为全国重要港口城市,2020年GDP在全国主要城市排名第12位,2019年末户籍老年人占比已达到25.6%,2025年将达到33%。宁波市委市政府全力助推养老服务提质增效,截至2018年7月,全市建成266家养老机构(AAA级14家)、2853个居家养老服务机构或站点(AAA级108家);但是,养老服务供给不能满足人民群众日益增长的多层次、多元化、多类型需求的供需矛盾依然突出。为此,宁波有6个县市区相继推出智慧化养老建设项目,1家机构养老成为国家智慧健康养老应用试点单位,政府职能部门相关支持条款也散见于各养老服务政策制度中。

一、宁波智慧健康养老政策体系

通过梳理、筛选、归类,宁波共有48项养老服务相关政策规定,其中法律法规1项、地方标准3项;市政府层面10项,市各部门层面38项(见表5-2)。

表 5-2 宁波市养老服相关政策、制度、规范一览表

序号	名称	主要目的	智慧健康养老相关规定	备注
1	宁波市居家养老服务条例	明确居家养老服务内容及其监督管理工作	民政部门应当建立养老服务综合信息平台,鼓励、引导和规范企业和社会组织借助云计算、互联网、物联网等技术,建设智慧养老服务平台	
2	宁波市人民政府关于进一步鼓励民间资本投资养老服务业的实施意见(甬政发〔2014〕68 号)	鼓励引导民间资本进入养老服务领域	/	
3	宁波市人民政府关于鼓励和引导民间资本投资社会事业的意见(试行)(甬政发〔2014〕58 号)	鼓励政府机构以外的法人、公民个人以及其他社会组织利用非国有资产,以独资、合资、合作等方式发展社会事业,举办养老服务机构、医疗服务机构、教育和培训机构、公共文化体育服务机构等	/	
4	宁波市人民政府关于同意宁波市养老服务设施布局专项规划(2010—2020)的批复(甬政发〔2014〕5 号)	同意《关于要求审批宁波市养老服务设施布局专项规划(2010—2020)的请示》(甬民发〔2013〕62 号)	/	
5	关于成立宁波市社会养老服务体系建设领导小组的通知(甬政办发〔2012〕152 号)	成立宁波市社会养老服务体系建设领导小组	/	
6	宁波市人民政府关于深化完善社会养老服务体系建设的意见(甬政发〔2012〕85 号)	积极应对人口老龄化,加快发展养老服务事业,把发展养老服务事业放在与教育、医疗卫生同等重要的位置抓实抓好,满足不断增长的社会养老服务需求	/	

序号	名称	主要目的	智慧健康养老相关规定	备注
7	宁波市人民政府办公厅关于做好现有养老服务机构登记管理工作的通知(甬政办发〔2010〕18号)	加强养老服务机构管理,确保其依法、规范、有序发展	/	
8	宁波市民政局、宁波市财政局关于全面实施社会福利机构消防设施专项治理行动的通知(甬民计〔2016〕17号)	坚决遏制社会福利机构消防安全事故	/	
9	中国人民银行宁波市中心支行 宁波市民政局 宁波市银监局 宁波市证监局 宁波市保监局关于转发《中国人民银行 民政部 银监会 证监会 保监会关于金融支持养老服务业加快发展的指导意见》的通知(甬银发〔2016〕42号)	转发《中国人民银行 民政部 银监会 证监会 保监会关于金融支持养老服务业加快发展的指导意见》	/	
10	宁波市民政局关于下发《宁波市养老机构等级评定管理办法》的通知(甬民发〔2016〕36号)	提高养老机构管理服务水平	AAA级及以上养老机构需要配备信息化管理系统	
11	关于印发全市社会福利机构消防安全专项治理工作方案的通知(甬民发〔2016〕5号)	坚决遏制社会福利机构消防安全事故	/	
12	关于进一步贯彻落实《民政部公安部关于印发社会福利机构消防安全管理十项规定》的通知(甬民发〔2016〕3号)	规范养老机构消防安全行为,提高消防安全意识	/	
13	宁波市卫生计生委、宁波市民政局等6部门关于进一步完善宁波市计划生育特殊家庭扶助制度的补充意见(甬卫发〔2015〕108号)	完善计划生育特殊家庭扶助关怀政策	/	

续 表

序号	名称	主要目的	智慧健康养老相关规定	备注
14	关于印发宁波市基金会养老机构区划地名行政处罚裁量权细化量化参考标准（试行）的通知（甬民发〔2015〕67号）	规范民政行政处罚裁量权行使，提高民政行政执法规范化水平	/	
15	关于印发《宁波市社会养老服务体系建设市级专项资金使用管理办法》的通知（甬财政发〔2015〕548号）	加强社会养老服务体系建设市级专项资金管理，规范资金使用行为，提高资金使用效益	/	
16	关于印发《宁波市政府购买养老服务设施办法》的通知（甬财政发〔2015〕547号）	加快推进政府购买养老服务	购买养老服务网络信息建设。包括智慧养老信息服务平台建设及维护等服务	
17	关于印发宁波市养老服务收费管理暂行办法的通知（甬价费〔2015〕14号）	加快养老服务体系建设，规范养老服务收费行为，维护老年人和养老服务机构合法权益	/	
18	宁波市财政局关于印发《宁波市政府购买服务指导性目录》的通知（甬财政发〔2015〕133号）	稳步推进和规范宁波市政府购买服务工作	/	
19	关于印发《宁波市养老服务机构政策性综合保险的实施意见》的通知（甬民发〔2015〕15号）	提高养老服务机构风险应对能力，保护老年人的合法权益	/	
20	转发浙江省财政厅、浙江省物价局关于减免养老和医疗机构建设等行政事业性收费有关问题的通知（甬财政发〔2015〕4号）	减免涉及养老和医疗机构建设等行政事业性收费	/	
21	关于印发《宁波市居家养老服务机构建设和运营资金补助办法》的通知（甬民计〔2015〕27号）	加强居家养老服务机构建设和运营补助资金发放、管理工作，促进居家养老服务健康持续发展	/	

续　表

序号	名称	主要目的	智慧健康养老相关规定	备注
22	养老机构服务规范（DB3302/T 1064—2014）	规定养老机构的管理要求、服务内容与质量控制、分级护理要求	/	
23	养老机构等级划分规范（DB3302/T 1065—2014）	规定了养老机构等级划分、等级养老机构基本要求与分级要求等	AAA级及以上养老机构需要配备服务信息化管理系统	
24	关于印发《宁波市养老服务机构纠纷预防与处置暂行办法》的通知（甬民发〔2014〕135号）	预防和妥善处置老年人与养老服务机构纠纷，保护老年人、养老服务机构及工作人员的合法权益，维护养老服务机构秩序	/	
25	关于印发《宁波市养老服务机构政策性综合保险方案》的通知（甬民发〔2014〕137号）	维护老年人合法权益，防范养老服务机构风险	/	
26	关于印发《宁波市老年服务与管理类专业毕业生到养老机构入职奖补办法》的通知（甬民发〔2014〕130号）	优化养老机构人员队伍结构，提高养老服务队伍整体素质	/	
27	关于规范宁波市社会福利院入住管理工作的通知（甬民发〔2014〕101号）	发挥公办养老机构的示范引领和基本保障作用，确保有限的公共养老服务资源公开、公平分配	/	
28	关于印发《宁波市基本医疗保险定点医疗机构管理办法》的通知（甬人社发〔2014〕130号）	规范医疗保险定点医疗机构管理	/	
29	关于进一步加强养老机构服务管理工作的通知（甬民发〔2014〕67号）	加强养老服务机构服务管理工作	/	
30	关于落实养老福利机构用电用水用气价格优惠政策的通知（甬价管〔2014〕43号）	引导民间资本进入社会事业领域，促进养老服务行业和福利事业健康发展	/	

序号	名称	主要目的	智慧健康养老相关规定	备注
31	关于居家养老服务机构办理民办非企业单位登记有关问题的通知（甬民发〔2014〕92号）	加强居家养老服务机构规范化管理，促进居家养老服务健康发展	/	
32	关于推进区域性居家养老服务中心建设的指导意见（甬民发〔2014〕86号）	深入推进区域性居家养老服务中心建设，全面提升居家养老服务水平	信息化建设：建立街道（乡镇）居家养老服务信息平台，推动居家养老服务和管理信息化、智能化	
33	关于印发《宁波市居家养老服务机构等级评定办法》的通知（甬民发〔2014〕33号）	全面推进居家养老服务机构等级评定工作，促进等级评定工作规范化、制度化	/	
34	居家养老服务机构登记规范（DB3302/T 1014—2013）	各类居家养老服务机构等级评定	/	
35	关于印发《宁波市社会养老服务体系建设市级专项资金使用管理办法》的通知（甬民发〔2013〕121号）	加强社会养老服务体系建设市级专项资金管理，规范资金使用行为，提高资金使用效益	/	废止
36	关于印发《宁波市养老服务补贴实施办法（试行）》的通知（甬民发〔2013〕80号）	妥善解决城乡困难老年人的养老照料问题	/	
37	关于印发《宁波市养老服务补贴资格评估办法（试行）》的通知（甬民发〔2013〕79号）	规范养老服务补贴资格评估工作，切实维护困难家庭失能、失智老年人的权益	/	
38	关于营利性民办养老服务机构审批和登记有关问题的通知（甬民发〔2013〕23号）	鼓励和规范民间资本发展社会养老服务	/	
39	关于加强养老护理员职业技能培训工作的通知（甬民发〔2012〕170号）	加强养老服务从业队伍建设，提高养老护理人员职业化、专业化水平	/	失效

序号	名称	主要目的	智慧健康养老相关规定	备注
40	关于实施养老服务机构电视数字化工程的通知(甬民发〔2012〕107号)	维护老年人基本文化权益	全市养老服务机构实施电视数字化工程	
41	关于宁波市社会福利中心增挂宁波市社会养老服务指导中心牌子的批复(甬编办事〔2009〕67号)	同意《关于要求宁波市社会福利中心增挂宁波市社会养老服务指导中心牌子的请示》	/	
42	宁波市"十三五"养老服务业发展规划(2016年10月)	积极应对人口老龄化,保障和改善民生,推动养老服务业发展	推进"互联网+养老"的智慧养老平台建设	
43	宁波市智慧城市发展"十三五"规划(2016年11月)	进一步推进宁波智慧城市建设	推进智慧健康建设,制定统一的养医护服务标准体系,建设养老、医疗和护理的协同运作机制,统筹养医护服务资源,建立新型养医护协同体系;以国家信息消费、信息惠民、物联网应用试点城市为契机,加快推动文化教育、健康养老、交通服务等领域智慧应用产业化	
44	《健康宁波2030行动纲要》(甬党发〔2018〕10号)	推进健康宁波建设,提高人民健康水平	加快发展健康养老服务,鼓励社会资本参与健康养老服务业,构建智能养老服务网络	
45	宁波市民政局关于明确2018年养老服务工作重点任务目标的通知(甬民发〔2018〕38号)	明确2018年养老服务工作重点任务	/	
46	裘东耀同志在健康宁波建设领导小组第一次全体(扩大)会议上的讲话摘要(2018年7月)	落实健康宁波建设的具体任务	发展"互联网+健康",加快大数据、云计算等技术在医疗服务、健康管理、养老服务等领域的应用	

序号	名称	主要目的	智慧健康养老相关规定	备注
47	关于印发 2017 年宁波市民政局工作要点的通知（甬民发〔2017〕19号）	明确宁波市 2017 年民政局工作要点	建立完善市、区县（市）两级养老服务信息平台，推进智慧养老建设	
48	宁波市民政局关于印发 2016 年全市民政工作要点的通知（甬民发〔2016〕17号）	明确宁波市 2016 年民政局工作要点	深入推进"医养结合"发展，开展"智慧养老"建设试点	

二、宁波智慧健康养老相关实践

2010 年 9 月，宁波市出台《中共宁波市委宁波市人民政府关于建设智慧城市的决定》，作为第一个在政府层面全面推动实施智慧城市建设的城市，宁波对中国智慧城市建设起到了引领及示范带动作用。宁波已构建智慧医疗、教育、政府等服务体系。

（一）智慧健康养老平台建设

在智慧健康养老服务方面，宁波各县市区也开始实践工作（见表 5-3）。

表 5-3　宁波市各县市区智慧养老平台一览表

地　区	名　称	投入使用时间	主要功能	备　注
海曙区	甬城智慧养老服务平台	2017 年 9 月	政府、机构、社区与居民之间养老信息和资源的互通共享	
江北区	智慧养老服务系统	2017 年 11 月	区、街道（镇）、社区（村）三级养老服务工作网络，对接卫计部门健康数据	
镇海区	"镇养通"智慧养老服务平台	2018 年 6 月	居家老年人基础养老服务	
北仑区	/	/	/	
鄞州区	居家养老信息平台	2018 年 7 月	居家老年人多样化养老服务	
奉化区	/	/	/	
余姚市	/	/	/	

地　区	名　称	投入使用时间	主要功能	备　注
慈溪市	"智慧养老"服务信息平台	2016 年 5 月	为老年人提供全方位、多层次、多元化的社会养老服务	
宁海县	/	/	/	
象山县	/	/	/	
大榭开发区	/	/	/	
高新区	智慧居家养老服务机构建设项目	2017 年 7 月	社区居家养老服务	在建
东钱湖旅游度假区	/	/	/	
杭州湾新区	/	/	/	

（二）智慧健康养老应用试点示范建设

2017 年以来,工业和信息化部、民政部、国家卫生计生委三部门为推进实施健康中国战略,落实《智慧健康养老产业发展行动计划（2017—2020 年）》（工信部联电子〔2017〕25 号）,推动智慧健康养老产业发展和应用推广,已开展三批智慧健康养老应用试点示范申报评选工作。宁波市现有智慧健康养老示范企业 2 家、示范基地 1 个、示范街道（乡镇）3 个,具体情况如下。

1.智慧健康养老示范企业

宁波高新区小柏家护信息技术有限公司 2017 年 12 月入选首批智慧健康养老示范企业,该公司于 2015 年 7 月创立,以互联网技术平台为依托,提供医院陪护和居家护理的专业医养照护上门服务。引入美国先进的家庭护理理念和经验,通过本地化改进,以照护对象服务需求出发,创新制定了一套从医院陪护到家庭病床,从临床护理到专病照护的服务流程,并通过 5 年多来的实践探索,逐渐形成了市场化、标准化、互联网化、规模化的运营方式,目标客群是中高端的自费人群。其主要服务场景是医院陪护和居家照护服务。服务内容分为临床基础护理、专科护理和生活照护,护理类别分为半护理、全护理和特种护理三种[1]。

---

① 小柏家护官网［EB/OL］.（2015-07-01）［2020-01-15］. http://www. xbcare. com. cn/.

　　宁波科强电池有限公司 2018 年 12 月入选第二批智慧健康养老示范企业，该公司于 2016 年 3 月投入智慧健康养老终端产品的研发与制造，已开发了包括 H001、H002、H003 等监护类手环和手表，H18、H19 等功能类手环在内的 5 款产品，产品具有位置检测、心率监测、运动检测、睡眠检测、智能提醒、双向通话等常规功能，还有 NFC、佩戴时间统计、电池续航时间长等独创优势。公司为客户提供手环对接 SDK 包，方便客户平台对接。录制了手环使用教程等培训视频，便于养老公司给老人进行培训。产品性能稳定，已同国内外 800 家健康养老领域的客户建立了合作关系，其中包括中国移动集团公司、中国联通股份有限公司、阿里健康、北京市残联和欧洲著名的大健康公司 COMACH。产品成功入选三部委《智慧健康养老产品推广目录》[①]。

　　2. 智慧健康养老示范基地

　　宁波市鄞州区智慧健康养老示范基地 2019 年 12 月入选第三批智慧健康养老示范基地。鄞州区一直高度重视养老服务体系建设工作，并纳入全区经济社会发展总体布局，近年来更是依托信息化、智能化手段强化信息联动，不断推动"传统养老"向"智慧养老"转变。通过在全国首创的"家院互融"社会化养老服务模式，鄞州改变了传统养老各自为政、单独运行的模式，打造出服务多元化、响应智能化、管理绩效化的"智慧养老"新格局。在这一养老服务模式中，鄞州以区级家院互融中心为枢纽，将 21 家养老机构、18 家区域性居家养老服务中心、6 家专业服务公司、326 家居家养老服务站纳入"家院互融"服务体系，共同构成辐射全区的养老立体化服务网络。"家"和"院"的养老服务已全面打通，全区已有 1.3 万余名老人享受到"家院互融"[②]。

　　3. 智慧健康养老示范街道（乡镇）

　　宁波市鄞州区东柳街道、宁波市鄞州区东胜街道、宁波市鄞州区白鹤街道入选 2019 年 12 月第三批智慧健康养老示范街道（乡镇）。2018 年 12 月，宁波市鄞州区东柳街道通过引进"柏庭养老"，通过政府扶持，构建了社会化、市场化、适当福利兜底化的居家安养服务中心。该中心采用智慧养老系统（麦麦智能系统），通过互联网、专业照护 O2O 服务平台、智慧医疗服务一体机、建立一人一档电子化健康档案，实现大数据分析养老需求，开展中心与家庭的点对点辐射。2018 年 3 月，宁波市鄞州区东胜街道启用区域性居家养老服务中心——

　　① 宁波科强电池有限公司官网［EB/OL］.（1995-05-07）［2020-01-15］. http://www.chinesebattery.com/index.aspx.

　　② 胡鸽.鄞州成为国家级智慧健康养老示范基地［N］.鄞州日报，2020-01-04(01).

"东胜大食堂",形成了"1+9"街社联动"家门口养老"服务体系。"东胜大食堂"以创新型"社会化经营+公益服务"方式,集"生活照料、家政服务、康复护理、医疗保健、精神慰藉和日间托养"等功能于一体,更以"家"的概念,设计布局了厨房、餐厅、水疗、活动中心、日托中心等功能区间,并引入第三方专业机构进行日常管理和运营。该中心还将逐步建立起辖区老人健康数据库,为老人建档立册,并根据其病史、病情和个人要求等,提供建议用餐和保健方案。2019 年 1月,宁波市鄞州区白鹤街道综合性社区养老服务机构——嘉和阳光·黄鹂社区居家养老服务站全面升级后投用。该站占地约 1000 m²,内有设施齐全可供600 人用餐的中央厨房,还设有康复、休闲、餐厅、助浴等特色功能区,集日间照料、营养配餐、保健康复、文化娱乐等功能于一体。

第三节　智慧健康养老的主要矛盾

　　宁波智慧城市建设于 2010 年在全国率先提出部署,成为中国智慧城市建设"领军城市",在构建智慧物流、制造、贸易、能源、公共服务、社会管理、交通、健康保障、安居服务、文化服务等十大体系建设方面进行了积极探索。《2019 城市数字发展指数报告》显示,宁波排名第九,跻身数字一线城市,数字经济规模大幅提升,总量居浙江省前列,占 GDP 比重达到 45% 以上[①]。但是,以智慧家居系统、智慧楼宇、智慧社区建设为基础的智慧养老服务建设缓慢,在制度体系构建、实践探索、产业协同方面存在突出问题矛盾。

一、养老服务顶层设计有基础,智慧健康政策制度碎片化

(一)起步早,有基础

　　宁波作为副省级城市、计划单列市,在良好经济条件支撑下,于 2012 年即开始了养老服务信息化建设,在居家养老服务方面早于国家提出信息化建设。

(二)内容多,有联动

　　在 48 项相关政策中,有 12 项涉及智慧健康养老,并且市财政、质监局等部

---

　　①　宁波市智慧城市规划标准发展研究院,宁波市工业和智能经济研究院.宁波跻身数字一线城市[EB/OL].(20195-12-28)[2020-01-20].http://www.nbascd.org/art/2019/12/18/art_6199_542256.html.

门积极配合民政部门出台政策。

(三)无体系,碎片化

相对于国家出台《智慧健康养老产业发展行动计划(2017—2020年)》(工信部联电子〔2017〕25号),以及宁波市智慧城市、健康宁波建设等制度规划,在智慧健康养老服务制度顶层设计领域,宁波还未形成完整体系,各项规定散见于居家、机构养老服务政策中,呈现碎片化特点。

二、实践探索偏重居家养老服务,老年人参与度不高、成效低

(一)居家为主,政府主导

居家社区养老是养老服务体系的核心部分,在宁波市各县市区民政部门主导下,共有6个行政区域开展了智慧健康居家养老服务探索。

(二)管控为主,互动不强

通过对宁波已开展智慧健康养老服务的分析,现阶段涉及主要内容为老年人基础信息,以及居家社区养老机构、家政服务机构等涉老企事业单位信息的集成,政府部门智能管控功能基本实现,但是机构、老年人等主动参与,获取服务的互动项目较少。

(三)各自为主,联动缺失

宁波各县市区智慧健康养老服务平台均局限于所属行政区域,例如海曙区推出的"甬城智慧养老服务平台"服务能力不能覆盖周边行政区,不利于宁波智慧健康养老协同联动发展。

三、智慧产业协同体系尚未形成,智慧城市建设相对优势未凸显

(一)硬软件基础产业发展迅速,对养老服务产业渗透力、带动性不强

近年来,宁波电子信息制造业、软件和信息服务业产业规模不断壮大,2019年上半年电子信息制造业完成工业总产值1014.5亿元,同比增长9%[①];2018年,宁波软件园(核心区)软件和信息服务业收入达182亿元,约占全市三分之

---

① 宁波市商务局.宁波市电子信息制造业半年产值超千亿[EB/OL].(2019-07-31)[2020-01-20].http://www.zcom.gov.cn/art/2019/7/31/art_1384592_36292740.html.

一，同比增长 40%①。均胜电子、舜宇集团、东方日升等电子信息制造业龙头企业，在产品生产方面均未涉足智慧养老产品②。同时，以智慧养老服务软件开发为主的软件和信息服务业企业也较少。

(二)智慧健康养老应用示范数量少、关联性不强

自 2017 年，工业和信息化部、民政部以及国家卫生健康委员会开展智慧健康养老应用试点示范建设评选以来，已有国家智慧健康养老试点示范单位共计有 394 个，其中示范企业 117 个、示范街道 225 个、示范基地 52 个。宁波仅占 6 家，并且 2 家示范企业参与、支持示范街道和基地建设的作用发挥较少，相互支撑体系未建立。

(三)智慧健康养老设备普及率低、数据交换集成难、人才支撑弱

宁波智慧城市基础设施建设不断完善，泛在、互联、智能的信息网络支撑体系基本形成，但是由于老年人智能设备可选择性少，实用性还不强，以及老年人自身生理心理特点，对于智能设备接受能力有限，导致健康养老设备使用率不高。老龄化服务未形成统一的协作体系，老年人衣食住行、健康卫生相关数据分散在公安、住建、商务、民政、卫生等部门，相互之间数据交换存在客观障碍，信息孤岛现象突显，对于综合大数据信息、智慧化开展养老服务带来了困难。同时，在居家、社区、机构养老中，专业从事智慧健康服务的复合型人才严重不足，养老服务行业工资水平普遍偏低和业态的不成熟，制约着信息化人才的流入。

第四节　推进智慧健康养老服务体系建设的对策建议

智慧健康养老服务需求本质上属于公共需求的范围，其需求内容是多元化且相互关联的。智慧健康养老服务体系建设仅依靠个别政府职能部门或由市场调节机制来解决，这都是无法实现的，最终也难以形成完成体系。该体系的

---

① 宁波新型智慧城市建设. 宁波软件园数字经济发展好风正劲[EB/OL]. (2019-09-29)[2020-01-20]. http://jxj. ningbo. gov. cn/art/2019/9/29/art_10960_3963027.html

② 关于印发《宁波市电子信息制造业产业集群发展规划（2019—2025 年）》的通知[EB/OL]. (2019-05-16)[2020-01-20]. http://zfxx. ningbo. gov. cn/art/2019/5/16/art_2449_3728868.html.

建设需要政府主导、相关部门、社会组织、企业、老年人家庭共同参与,也需要政府各类政策的配套和各种资源的整合。

一、智慧健康养老理论研究成果借鉴

项目组使用"智慧健康养老""智慧养老""健康养老"等关键词,通过中国知网检索[1],共得到 395 篇相关期刊研究文献、4 部相关著作,经分析、归纳,现有研究有以下特点:

(一)侧重智慧手段研究

陈志峰等[2]通过阐述智慧养老的内容、需求、发展现状,重点分析了机构、社区、家庭养老的一系列智慧手段。黄勇[3]则提出智慧养老的本质就是通过一系列新技术的应用,使老年人的日常生活不受时间和地理环境的束缚。朱勇[4]则详细介绍了国外养老服务智能化手段。

(二)"智慧"研究胜于"健康"研究

利用 Citespace 软件,对关键词进行共现分析,绘制出智慧健康养老研究的知识图谱(见图 5-1)。2002—2018 年,相关研究的关键词共有 110 个,其中"智慧养老""健康养老"频次分别为 288 次、63 次,研究者对于智慧养老的关注明显高于健康养老。

图 5-1　智慧健康养老研究热点的知识图谱

① 检索日期为 2018 年 7 月 6 日。
② 陈志峰,刘俊秋,王臣昊《智慧养老探索与实践[M].北京:人民邮电出版社,2016.
③ 黄勇.智能养老[M].北京:中国社会出版社,2016.
④ 朱勇.智能养老[M].北京:社科文献出版社,2014.

(三)智慧养老研究与健康养老研究关联度不高

根据 Citespace 软件分析得出,机构养老、大数据、围墙、物联网为智慧养老的主要关联性研究(见图 5-2),数据信息技术研究在智慧健康养老研究文献中占比较高。

图5-2　智慧健康养老研究热点关联词知识图谱

(四)健康养老研究中心度偏低,研究中心排位不高

中心度(centrality)是指网络中经过某点并连接这两点的最短路径占这两点之间的最短路径线总数之比,中心度高的点往往位于连接两个不同聚类的路径上①。中心度也是反映研究热点的重要指标之一,可以揭示出网络中的关键节点,节点的中心度越高,连接的关键词越多。健康养老的中心度为 0.05(见表5-4),频次虽高,但实际关联性较差,还没有形成突出的研究热点。

表 5-4　智慧健康养老研究的高频关键词和高中心度关键词

频次排序			中心度排序		
频次	中心度	关键词	频次	中心度	关键词
288	0.25	智慧养老	288	0.25	智慧养老
63	0.05	健康养老	32	0.17	居家养老

① 陈超美.Cite Space∥:科学文献中新趋势与新动态的识别与可视化[J].情报学报,2009(6):405.

频次排序			中心度排序		
频次	中心度	关键词	频次	中心度	关键词
38	0.16	老人	12	0.17	养老服务业
32	0.17	居家养老	38	0.16	老人
32	0.11	物联网	31	0.13	养老服务
31	0.13	养老服务	7	0.13	养老服务机构
26	0.06	医养结合	15	0.12	老年人口
23	0.11	老年人	32	0.11	物联网
19	0.05	养老机构	23	0.11	老年人
18	0.06	养老模式	10	0.10	智慧城市

备注:各取前十位。

(五)智慧养老贯穿居家、机构、社区养老等研究领域

在居家、机构和社区养老领域的关注度提升趋势明显(见图 5-3)。根据 Citespace 软件分析结果,虽然健康养老研究还未形成核心作者和机构,但智慧养老跨时间、跨领域关节点最高,需要深入研究关注。

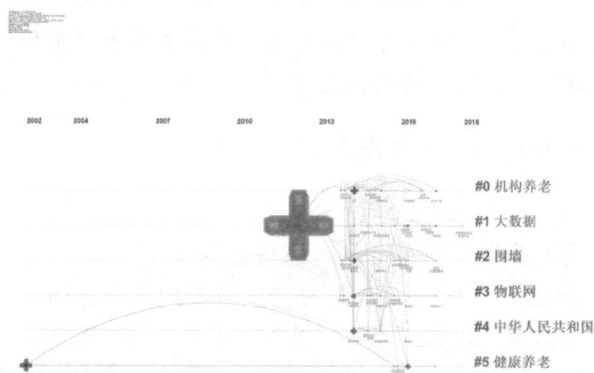

图 5-3　2002—2018 年智慧健康养老研究热点时区视图

《智慧健康养老产业发展行动计划(2017—2020 年)》提出,智慧健康养老利用物联网、云计算、大数据、智能硬件等新一代信息技术产品,能够实现个人、家庭、社区、机构与健康养老资源的有效对接和优化配置,推动健康养老服务智慧化升级,提升健康养老服务质量效率水平。已有研究成果也主要以信息化智慧

技术为切入口,关注居家、社区、机构养老工作的某一点如何有效开展;以老年人健康视角切入老年服务研究,以及采用智慧化和健康服务协同剖析养老服务的成果与思考较少。这显示出智慧产业发展因其自身前瞻性,具有一定超前特点,在积极尝试拓展健康养老服务领域;而传统从事养老服务的主体,包括行政管理部门、企业、家庭等对于革新养老服务手段的尝试较弱;同时,健康卫生视角涉入养老服务研究仍显不足,在构建宁波智慧健康养老服务体系过程中,要激发医疗卫生、健康服务,以及现有养老服务主体的动力,扶持智慧产业融入老龄化服务。

二、宁波智慧健康养老服务发展环境机遇

近年来,宁波抢抓全球产业大变革机遇,加快发展数字经济,在经济社会基础、产业需求、政府职能改革,以及借鉴创新能力方面,都为智慧健康养老服务发展创造了良好环境机遇契机。

(一)良好的经济社会基础支撑

2018 年宁波 GDP 达到 10745.5 亿元,同比增长 7%,人均生产总值达到 132603 元,突破 2 万美元。2018 年宁波城镇居民人均可支配收入达 60134 元,是全国的 1.53 倍,位居 15 个副省级城市第二;农村居民人均可支配收入达 33633 元,是全国的 2.3 倍,位居 15 个副省级城市首位,城乡居民收入比缩小为 1.79:1①。较好的经济基础,为智慧健康养老服务的开展提供了潜在用户,对于产业的发展具有相对优越的承载能力。

(二)老龄化程度加深带来需求

截至 2019 年底,宁波市 60 周岁以上老年人占总人口的 25.6%,2025 年将达到 30%,80 周岁及以上高龄老年人数将达到 40 万;纯老年人口超过 60 万,高龄化、空巢化将进一步增加老年人对健康服务的需求。同时,老年人日益增长的健康服务需要和区域健康供给发展不平衡不充分之间的矛盾日益凸显,急需采用智慧化信息技术,丰富养老服务供给,提升老年人幸福感获得感。

(三)养老服务业发展新突破口

截至 2018 年底,宁波全市共有养老机构 266 家,养老床位 70387 张,每百

---

① 2018 年宁波市国民经济和社会发展统计公报[EB/OL]. (2019-02-02)[2020-01-20]. http://tjj.ningbo.gov.cn/art/2019/2/2/art_18617_3583429.html.

名老年人拥有养老床位 4.6 张,其中民办养老机构 132 家、养老床位 30545 张,占机构床位总数的 48%①。宁波市养老服务床位数已基本可满足老年人需求,民办养老床位占比接近半数,也为满足老年人多样化个性化需求提供了基础,但是各个养老机构入住率参差不齐,供大于求和供不应求同时存在,入住率最低的养老机构只有 21.7%②。与此同时,养老机构服务配置效率和经营效率不高,发展前景不容乐观③。智慧健康为养老机构提高入住率、服务和经营效率,开展精准服务,增强市场竞争力提供了抓手。

(四)政府职能部门服务创新点

根据《"健康中国 2030"规划纲要》和《健康浙江 2030 行动纲要》精神,宁波结合区域产业发展状况,制定了《健康宁波 2030 行动纲要》(甬党发〔2018〕10 号),明确提出"加快发展健康养老服务,鼓励社会资本参与健康养老服务业,构建智能养老服务网络"。智慧健康养老服务体系构建研究,契合国家、省市战略布局,有利于精准化养老为老服务的实现,也可以进一步完善促进宁波智慧城市中社会服务智慧板块发展,推进政府职能部门"最多跑一次"改革,更好地服务老年人这一数量最大群体。

(五)国内外建设经验借鉴吸收

在工信部、民政部、国家卫生健康委员会联合制定发布《智慧健康养老产业发展行动计划(2017—2020 年)》前后,上海市、四川省、浙江省积极开展相关试点。2016 年 10 月"上海市综合为老服务平台"(www.shweilao.cn)上线,标志着上海智慧养老建设工作取得了重要进展,该平台现已上线"智能养老顾问"模块,可根据老年人身体状况、服务需求等基本信息,推荐定制个性化服务。上海市还推选出一批智慧健康养老优秀/提名案例,选树了部分智慧健康养老行业样板。2019 年 3 月,《四川省智慧健康养老产业发展行动方案(2019—2022 年)》发布,提出到 2022 年,四川全省要基本形成覆盖全生命周期的智慧健康养老产业体系。2019 年 7 月,浙江省民政厅提出打造全省统一的智慧养老服务平台——"浙里养"平台,以养老服务大数据为依托,形成一个统一平台、一套政策

---

① 宁波市民政局.积极引导 创新机制宁波市推进城市养老服务业健康发展[J].中国社会工作,2019(17):11-12.

② 常金兰,董燕艳,梁少英.宁波市养老机构入住率及其影响因素的研究[J].护理学报,2016,23(19):34-38.

③ 黄涛.宁波市养老机构运营效率分析[D].宁波:宁波大学,2017.

管理和服务浙江养老的新体系。发达国家日本是世界上老龄化速度最快、老年人口比例最高的国家,为应对老龄化带来的挑战,日本智慧健康养老产业逐步形成体系,从智能化适老建筑、基础设施,到智能助老工具和智能护理服务,日本都积累了大量成熟经验可供借鉴。

三、宁波智慧健康养老服务体系建设举措

人类发展已站在第四次工业革命"门前",信息已成为社会、经济发展的"血液"和"润滑剂"。现代信息技术广泛地渗透到社会生活的各个领域,改变着人们的生活、学习和工作。

宁波智慧健康养老服务体系建设要立足信息化时代背景,借鉴现有研究成果,抓住自身环境机遇,针对发展建设中的主要矛盾,整合"政府、社会、市场"三类主体力量,构建"三平台,三层级"体系,形成适合新时代需求的养老服务体系,满足日益增长的多样化、多层次、个性化养老需求,提升老年人获得感,吸引更多高新技术企业参与宁波社会民生事业建设,推动产业升级。

(一)政府主导,完成顶层设计

宁波市经济与信息化管理局牵头,宁波市民政局、卫健委等政府部门协同,制定实施"宁波市'十四五'智慧健康养老产业发展规划"。"凡事预则立,不预则废。"养老服务具有较强社会公益性,现阶段仍有50%左右的养老服务机构由政府部门兴办运营。政府部门通过规划先行,主导智慧健康养老产业发展,通过调动全社会的力量,激活主体、激活要素、激活市场,着力增强智慧健康养老服务体系建设的系统性、整体性、协同性。该规划要明确建设目标、推进路径、重点任务、责任落实部门等,具体通过支持建设一批软件和信息服务业、电子信息产品制造业示范企业,促使其开展智慧健康养老产品、服务、系统平台研发生产;支持建设一批应用智慧化设施、产品、系统示范机构,推进传统养老机构向智慧化养老机构转型升级,提升为老服务质量和水平,适应新时代人工智能发展趋势;支持建设一批利用信息化、智能化等技术手段,开展区域养老资源协调,智慧化服务老年人示范基地(街道/乡镇、地级或县级行政区)。宁波市民政局、卫健委、市场监督管理局、养老服务机构、科研院所协同,制定智慧健康养老相关地方、团体标准规范,进一步明确各主体在智慧养老产业中的职责定位,驱动服务产业发展,规范政府监管,拓展并聚焦智慧养老产业链的各个环节。2019年3月无锡宁波市民政局在江苏省市场监督管理局支持下,发布实施首个智慧养老建设省级地方性标准《智慧养老建设规范》,引领智慧养老规范化、科

学化发展,提出了可执行、可量化的工作规范①。国家工业和信息化部牵头制定《智慧家庭综合标准化体系建设指南》,《智慧家庭健康管理腕式可穿戴设备技术要求》《智慧家庭老人手环(手表)技术规范》《智慧家庭健康养老产品分类及描述》《智慧家庭健康养老服务平台参考模型》等四项行业标准也即将发布,为宁波制定相关标准提供了参考。

(二)社会参与,供需双重要素

智慧健康养老服务作为传统养老服务新模式,其发展建设仍需供给侧与需求侧共同发力,促进其正常发展。在政府职能部门主导搭建规划、标准基础上,各类养老服务机构要积极推进智慧健康服务的供给。据智慧养老软件信息提供商——麦麦养提供的数据,其智能照护系统可以帮助机构节约 20% 的人力成本,节能 30%,降低养老机构运营风险,提高护理人员工作效率②。养老机构从自身效能提升,以及时代发展趋势视角来看,都需要进行智慧养老服务投入。家庭和老年人作为智慧健康养老服务的消费者,即需求侧,首先承担智慧健康养老相关设备的费用,特别是老年人个人必须使用的智慧化产品的费用;其次支付信息化软件服务的费用;最后,授权智慧健康养老系统、设备对老年人生理数据的收集、分析,针对失能失智等特殊老年人,家庭要同意养老机构使用必要的约束手段。

(三)市场运作,价值供需竞争

智慧健康服务发展遵循市场经济的运行规律,通过价格信号传递智慧健康养老服务供求信息,引导参与养老服务主体为寻求利益最大化自主调节消费与服务提供行为,实现智慧健康养老服务供应与需求的平衡。政府部门主导智慧健康养老产业发展,以基本价值规律为基础,扶持其适应市场化发展需求,不进行粗暴的"输血"、行政干预等行为,充分激活需求端和供给端的活力,促使两端发展的吻合,引入多样化市场主体,进行充分竞争,避免出现"垄断",影响效率提升。

---

① 江苏省民政厅. 江苏出台全国首个智慧养老地方标准[EB/OL]. (2015-03-01) [2020-01-20]. http://www.mca.gov.cn/article/xw/dfdt/201903/20190300015519.shtml.

② 王玥.麦麦养老 CEO 何畏:心怀敬畏之情实现中国养老的智慧照护[EB/OL]. (2018-08-30)[2020-01-20]. https://sichuan.scol.com.cn/fffy/201808/56482352.html.

(四)"三平台,三层级"体系

智慧健康养老服务体系建设,要构建以"智能居家养老平台""医康养护社区平台""信息化机构养老平台"三个平台为基础,融合"街道(乡镇)、县区、市"三级智慧健康养老服务中心的体系。"智能居家养老平台"以居家养老的老年人家庭为核心,使用老人机、腕表、无线传输的健康检测类智能设备,在物联网、互联网、智能呼叫、云技术、移动互联网技术、GPS定位等信息技术支撑下,实现居家获取社会化生活帮助、康复护理、紧急救助、人文关怀、精神慰藉、娱乐活动、法律援助等服务项目。"医康养护社区平台"以社区居家养老服务中心为核心,通过整合老年人信息、医疗资源信息、康复护理服务信息,实现对居家养老服务支撑、机构养老服务引入社区,以及日间托老、短期照护、健康管理、文化娱乐等服务。"信息化机构养老平台"以养老机构为核心,通过构建信息化管理平台,实现机构内人事、后勤、护理、费用、接待管理的信息化,以及老年人服务、变更记录、统计查询、健康监控、智能呼叫、基础管理实时动态化。"街道(乡镇)、县(区)、市"三级智慧健康养老服务中心以民政行政部门为核心,通过信息化智慧系统接入"智能居家养老平台""医康养护社区平台""信息化机构养老平台",建立居家老年人、为老服务企业、社区居家养老服务机构、养老服务机构数据库,实现对居家养老、社区养老、机构养老的信息化管理监督,并且开展养老机构的申报、建档、监管,居家老人服务补贴的申请、审批、资格评估、服务预约、服务实施、费用结算、跟踪回访等;"街道(乡镇)、县(区)、市"三级智慧健康养老服务中心根据行政级别,实行层级管理,各级中心可实现数据信息共享,能查阅和分析养老服务供给与需求情况,形成"政府、社会、市场"三类主体智慧健康养老服务的中枢神经。

宁波应精准把握智慧产业对养老服务工作带来的变革,推动政府职能部门老龄化社会治理模式的转型,优化养老服务供需结构,培育一批示范企业、机构和基地,驱动智慧健康养老服务产业发展,促使宁波养老服务质量和水平再上新台阶。

第六章　宁波养老服务标准化建设

　　机构养老是中国社会养老服务体系的重要组成部分。随着社会老龄化发展的形势越来越严峻，人们养老观念的逐渐转变，机构养老成为老年人的重要选择。养老机构为社会上的老年人提供服务，其发展状况决定了中国老年人晚年生活的幸福程度，在社会养老服务体系中起着兜底和支撑作用。

　　标准化是维护服务对象权益、提升管理水平与服务质量的重要技术手段，是营造安全、便利、诚信的养老服务消费环境的客观需要。以养老机构标准化建设为抓手，可以激励养老机构不断提高服务水平，推进养老机构标准化、规范化、专业化建设，促进养老机构快速、健康和可持续发展。目前，国内外标准化组织在社会养老领域进行着积极的探索，这些将为宁波开展养老机构标准化建设工作提供宝贵的经验借鉴。

第一节　养老服务标准化研究情况

　　庞大的老年人群，以及日益增加的高龄、失能和空巢老年人需要更高质量的机构养老服务。标准化建设是养老产业提升服务质量、满足老年人需求、解决养老机构供需结构性矛盾的有力抓手。为归纳总结养老服务标准化研究现状，分析研究趋势、特点和问题，提出应对策略，作者以"养老服务标准化"为检索要素，于2018年6月6日使用中国知网(CKNI)进行文献检索，共得到120篇相关文献(见表6-1)。

表6-1　养老服务标准化文献分类表　　　　(单位：篇)

文献来源	报纸	期刊	国内会议	硕士论文
文献数量	56	55	6	3

经过筛选分析,共得到 27 篇文献。下面围绕以上文献,从作者、发表时间、关键词、研究内容等方面进行分析。

一、养老服务标准化研究现状

(一)文献时间分布

养老服务标准化研究自 2005 年起出现,2013 年逐步增加,2018 年出现较大增长趋势,如图 6-1 所示。

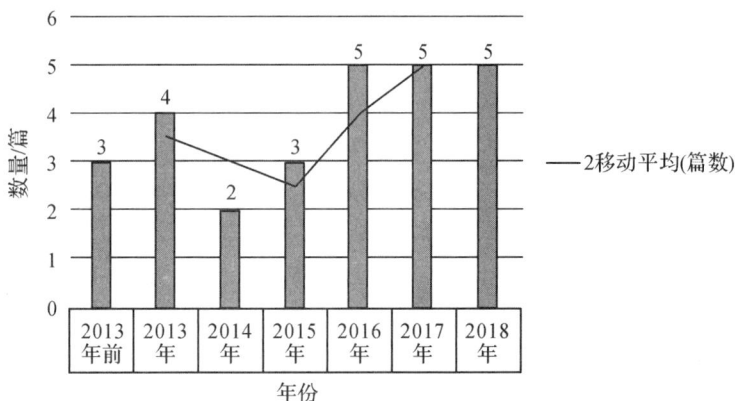

图 6-1　养老服务标准化文献时间分布

(二)文献内容分析

1.养老标准国内外比较研究。石美遐①提出与大多数国家比较,我国养老保险标准的范围是比较窄的,养老保险的资格条件从参保年限看,不如大部分发达国家;但单纯从退休年龄看,我国的情况又优于其他国家。

2.养老服务标准需求研究。黄丽珍②认为我国现有的养老服务标准仍不完善,难以有效地发挥引导和监管养老服务市场发展的作用,尤其是在养老机构标准化建设上与目标相差较大。她结合我国现有养老服务市场的现状和存在的问题,对我国养老服务标准改进和发展的方向进行探讨,提出了加快我国城市养老机构养老服务标准建设的对策建议。吴少伟认为通过建立科学高效的

---

① 石美遐.养老保险标准国际比较及启示[J].财政研究,2005(4):62-65.

② 黄丽珍.完善我国城市养老机构服务标准的必要性研究[D].北京:北京交通大学,2010.

农村社区居家养老标准,能够让众多的农村老人做到老有所养,而且能够为农村的老年人提供更具幸福感的、健康的老年生活,让老年人安享晚年①。

3.养老服务标准体系研究。侯非等提出通过分析我国养老服务业标准化工作现状,从养老服务业的分布领域、标准类别、标准级别、标准约束力四个维度出发,对养老服务业标准体系进行构建②。王章安认为现行机构养老服务标准对加强机构养老服务质量控制起到了重要作用,但是我国现有的养老服务标准尚未形成完整的系统,主要表现为现行标准缺乏针对性、可操作性不强,养老政策体系不健全等方面③。刘毅提出从养老服务标准的类别来分,主要分为如下几类标准:服务通用基础标准,服务保障标准,服务提供标准④。张欣琪等认为我国社区居家养老管理中对老年人膳食规范的研究较少,对老年食堂食品采购规范、食品加工安全管理规范和膳食服务规范等几乎空白。她提出构建社区居家养老照料中心膳食服务标准体系时,可以根据老年人膳食服务所涉及的内容、老年人对膳食营养的现实需求,依次与现有的标准展开比对,找出老年人膳食服务中需要修订或更新的标准⑤。

4.养老服务具体标准制订研究。黄晶等通过分析被征地农转居老年人口的养老特点及其养老的周期性变化情况,得出养老成本的构成并构建出测算模型,实证分析南京现行的被征地农民保障政策,测算该地区被征地农转居老年人口人均主要养老成本价值,并与其实际养老保障待遇进行了比较分析,得出该地区养老保障待遇与养老成本之间的协调和趋势关系,确定出了合理、合适、易操作的保障标准增长率⑥,为确定被征地农转居老年人口的养老标准提供了参考。孟兆敏等提出对养老机构从供给主体及需求主体两个角度入手,从养老机构的营利与否、创办养老机构的主体、养老机构的服务功能三个维度进行分

① 吴少伟.河南省农村社区居家养老服务标准研究[J].决策探索(下),2018(4):21-22.

② 侯非,秦玉婷,张隋.养老服务业标准体系构建策略与运行机制分析[J].中国标准化,2013(2):32-34,38.

③ 王章安.机构养老服务标准体系的研究现状与展望[J].中国老年学杂志,2015,35(10):2864-2867.

④ 刘毅.标准化+养老机构标准体系构建探索[C]//标准化助力供给侧结构性改革与创新——第十三届中国标准化论坛论文集.中国标准化协会,2016:698-702.

⑤ 张欣琪,刘欣,刘佳侬,等.社区居家养老照料中心膳食服务标准体系构建研究[J].中国标准化,2018(5):62-67.

⑥ 黄晶,施国庆.被征地农转居老年人口养老标准研究——以南京市为例[J].人口与社会,2014,30(2):60-65.

类，并且构建养老机构评估标准时，要坚持共性标准与个性标准的统一①。

5.养老设施设备标准研究。设施设备等硬件条件是开展养老服务的载体，直接影响着服务成效和水平，相关标准化研究占分析文献的18.5%。娄乃琳等认为养老服务设施作为应对我国老龄化的具有巨大潜在需求的建设项目，目前只有行政部门不同、层次不同的零散的标准作为指导，并未形成专门的养老服务设施工程建设标准体系，同时我国养老服务设施工程建设标准还在以下五个方面存在一定的问题：养老服务设施工程建设标准体系尚待建立，养老服务设施名称及类型划分不明确，侧重新建忽视改扩建，部分标准内容交叉重叠，部分标准缺失②。于一凡等则提出我国相关法规与技术标准体系的建设起步较晚，各地、各部门之间相关技术内容的体系化与整合度欠佳，直接造成各地服务设施总量缺乏、设施类型单一、服务水平和绩效欠佳等，构建具有科学性的技术框架应关注技术标准的系统性和规范性，关注部门间的协调与衔接，结合养老服务设施的规划试点工作，持续推进和完善技术标准体系的建设工作③。郝学以居家养老服务切入点，认为在目前工程建设经验相对匮乏的情况下，标准规范尚不能够协调统一地指导我国居家养老工程的规划建设工作，亟须启动居家养老工程规划建设关键技术研究，以切实有效地规范和指导我国即将面临的量大面广的养老建筑建设问题。她提出居家养老适老化设计标准建设要关注三方面内容：第一，公共空间适老化设计标准，其中分为住区公共活动空间和住区楼栋公共空间两个部分，以无障碍化和舒适性为原则；第二，套内空间适老化设计标准；第三，适老化设备物品标准④。

（三）文献作者分析

采用SPSS、Citespace软件分析，高校是开展养老服务标准化研究的主力军，占到51.9%；标准化建设管理研究部门占14.8%；相关业务管理部门占18.5%。来自养老服务机构的人员占比为0。见表6-2。

---

① 孟兆敏,李振.养老机构分类标准及分类管理研究[J].江苏大学学报(社会科学版),2018,20(1):71-78.

② 娄乃琳,赵尤阳.养老服务设施规划建设标准关键技术和标准体系研究课题分析[J].建设科技,2017(7):12-16.

③ 于一凡,刘旭辉.我国城乡养老服务设施规划建设技术标准体系研究[J].北京规划建设,2017(5):23-27.

④ 郝学.居家养老模式下适老化设计标准研究与实践[D].北京:北京建筑大学,2017.

表 6-2　养老服务标准化文献作者分布　　　　　　　　　　（单位:篇）

单位名称	文献数量
宁波卫生职业技术学院	3
中国计量大学	2
中国标准化杂志	2

二、养老服务标准化研究存在的问题

(一)宣传报道多、理论研究少

根据文献检索,养老服务标准化的相关报纸宣传内容为 56 篇,是相关理论研究的 2 倍多。这造成我国在养老服务业标准化基础理论和工作方法、重要领域国际标准跟踪、标准实施推广机制等方面尚缺乏系统深入的研究,制约了标准化建设工作的开展,无法满足养老服务业标准化工作的现实需求。

(二)专家学者多、机构人员少

标准体系是标准化建设工作的基石,建立科学、合理的标准体系是有效开展标准化建设工作的重要基础。但是,标准理论来源于实践,缺少养老服务业一线从业人员的参与,制定的标准将难以落地实施。养老从业人员缺席标准化研究领域,折射出我国养老高素质人才的匮乏,不利于标准理论指导实践的进一步提升和发展。

(三)模型推演多、实践总结少

从养老服务标准化研究文献内容来看,现有研究主要集中于理论推演,缺少实践经验的总结分析,从理论到理论,提出的相关标准布局不够均衡、结构不够科学。相关研究急需引入一线工作人员,从养老服务实际需求中总结规章,形成规范,逐步上升为区域、行业、地方标准。

三、加强养老服务标准化研究对策

产业发展,标准先行。截至 2019 年底,中国大陆有各类养老服务机构和设施 20.4 万个,其中注册登记的养老服务机构 3.4 万个,社区养老服务机构和设施 6.4 万个,社区互助型养老设施 10.1 万个;各类养老床位合计 775.0 万张(每千名老年人拥有养老床位 30.5 张),其中社区留宿和日间照料床位 336.2

万张①。养老服务标准化研究工作刻不容缓,具体可以从三个方面入手。

(一)发挥标技委作用,加强政策宣贯

标准化技术组织是推动各行各业开展标准化建设的重要抓手,国家组建了涵盖各个行业的标准化组织,形成了国家、省、市组织架构,也开展了一系列相关业务培训工作。政府职能部门要通过各级养老服务标准化技术委员会,开展相关宣传工作,提升专家学者对养老服务标准化的重视,积极投入到相关标准研究中。

(二)发挥高校作用,培养相关人才

培养培训各类人才是高校最重要的职能之一,标准化建设人才作为复合型人才,需要高校通过开展在职从业人员培训等形式,为养老服务业发展提供智力支撑。相关高校要结合自身特色和发展方向,主动对接区域养老服务业发展需求,开展标准化人才培养培训工作。

(三)发挥机构作用,激发研究热情

养老服务机构是各类标准执行实施的场所,更是检验标准是否科学可操作的舞台,怎样修改、完善标准,一线从业人员最有发言权。因此,养老服务机构要鼓励一线人员结合实践开展相关研究,提升自身服务水平的同时,为养老服务产业发展贡献智慧。

第二节　养老服务标准化建设情况

标准化是经济社会发展的基础性制度,是现代国家治理体系的重要组成部分。党的十九大报告提出:"加快发展现代服务业,瞄准国际标准提高水平。"在养老服务领域,标准化建设是养老产业提升服务质量、满足老年人需求、解决养老机构供需结构性矛盾的有力抓手②。养老服务标准建设是否适应养老产业和老年人供需两个维度需求,存在哪些问题,如何进一步建设完善等急需开展探

---

① 中华人民共和国民政部. 2019 年社会服务发展统计公报[EB/OL]. (2020-12-10)[2020-12-21]. http://www.mca.gov.cn/article/sj/tjgb/.

② 刘效壮. 养老服务标准化研究述评[C]//第十五届中国标准化论坛论文集. 中国标准化协会,2018:5.

索研究。

调查分析养老服务标准建设现状,探析存在问题,提出应对策略;以全国标准化信息公共服务平台数据为研究对象,采用 Excel、SPSS 等数据统计分析软件,对养老服务标准数量、类型、性质、计划状态、归口单位、执行单位、主管部门、所属地区,发布、实施时间等要素进行统计分析。根据分析数据,得到国家标准、行业标准、地方标准的特点,以及相互之间的异同。养老服务标准化建设,首先需要构建政府宏观引领养老服务标准制订体系,逐步带动行业标准和团体标准起步发展;其次各省级行政单位需结合发展需要,全面重视养老服务标准建设工作;再次,社区养老、居家养老标准化建设需要进一步完善强化;最后,老年人用品、养老服务设施设备标准急需研制。

一、建设背景情况

随着老龄化程度加深,国家加强了对养老服务业发展支持力度。《完善促进消费体制机制实施方案(2018—2020 年)》(国办发〔2018〕93 号)提出:"进一步放宽服务消费领域市场准入,取消养老机构设立许可,开展家政服务标准化试点示范建设",李克强总理 2019 年 5 月 29 日主持召开国务院常务会议,部署进一步促进社区养老和家政服务业加快发展的措施,决定对养老、托幼、家政等社区家庭服务业加大税费优惠政策支持[①]。在养老服务需求侧增加,国家宏观政策支持引领下,截至 2019 年第 1 季度末,全国各类养老机构达到 31879 个、417.1 万张床位[②]。养老服务领域标准化建设能否满足养老机构迅速扩张、老年人权益保障,以及国家扶持政策实施的需要,这些问题可以从养老服务标准制定现状研究入手,剖析其发展脉络、形势,探析存在问题,提出应对策略。

以全国标准信息公共服务平台[③]收录的养老服务相关标准为研究对象。该平台由国家标准化管理委员会(国务院授权的履行行政管理职能,统一管理全国标准化工作的主管机构)主管,国家标准化管理委员会标准信息中心主办。在该平台,以"老年人""养老"为关键词进行检索,得到 266 条记录[④],经对标准

---

① 中国政府网.国务院常务会议部署进一步促进社区养老和家政服务业加快发展的措施等〔EB/OL〕.(2019-05-29)〔2020-01-04〕.http://www.miit.gov.cn/n1146290/n1146392/c6981717/content.html.

② 中华人民共和国民政部.2019 年 1 季度全国社会服务统计数据〔EB/OL〕.(2019-4-01)〔2020-01-04〕.http://www.mca.gov.cn/article/sj/tjjb/qgsj/2019/201904301703.html.

③ 全国标准信息公共服务平台〔EB/OL〕.(2019-06-01)〔2020-01-04〕.http://www.std.gov.cn/.

④ 检索日期为 2019 年 6 月 1 日。

题录数据清洗、去重,最终得到 250 项养老服务相关标准。

采用统计学方法,对养老服务标准的数量、类型、性质、计划状态、归口单位、执行单位、主管部门、所属地区以及发布和实施时间等要素进行统计;辅助对比方法,在养老服务标准要素统计基础上,进行时间轴线纵向对比研究,推测未来发展趋势,同时进行不同要素之间横向对比,总结归纳其特点、存在问题,最终提出新时代背景下养老服务标准化发展建设路径。

Microsoft Excel 是一款电子表格软件,也是最流行的个人计算机数据处理软件,SPSS 为 IBM 公司推出的一系列用于统计学分析运算、数据挖掘、预测分析和决策支持任务的软件产品及相关服务的总称,笔者主要依托 Microsoft Excel 和 SPSS 两款软件完成养老服务标准基本要素的统计与对比。

二、建设情况分析

将自全国标准信息公共服务平台检索得到的 250 项养老服务标准导入 Microsoft Excel 表格,分项列出标准类型、性质、计划状态、归口单位、执行单位、主管部门、所属地区以及发布和实施时间等要素,根据对比分析需要简化编码后导入 SPSS 进行统计分析。经统计、对比分析,得到如下结论:

(一)国家标准各要素特点

在 250 项养老服务标准中,国家标准、行业标准、地方标准分别为 44、12、194 项,并且行业标准和地方标准均为现行状态。国家标准的状态(见图 6-2)分布如下:

在已终止的国家标准中:2 项归口全国服务标准化技术委员会,7 项归口民政部,各有 1 项分别归口住房和城乡建设部、中国标准化研究院、全国乳制品标准化技术委员会;8 项为养老服务操作性规范、2 项为老年人产品规范要求、1 项为老年人建筑及设施规范、1 项为标准化工作指南老年人需求部分。

在 17 项现行国家标准和 3 项即将实施国家标准中:1 项为指导性技术文件、19 项为推荐性标准;分别有 1、1、3、2、7、4、2 项归口单位为民政部、全国残疾人康复和专用设备标准化技术委员会、全国服务标准化技术委员会、全国家用电器标准化技术委员会、全国社会保险标准化技术委员会、全国社会福利服务标准化技术委员会、全国信息技术标准化技术委员会;分别有 6、5、2、7 项主管单位为民政部、国家标准化管理委员会、中国轻工业联合会、人力资源和社会保障部(劳动)、国家标准化管理委员会;从标准内容角度分析,2 项为老年人家用电器设计标准,2 项为老年人电子设备信息技术设计标准,16 项为直接开展养老服务标准;从实施时间上分析(见图 6-3),最早 1 项开始于 2008 年 12 月 1 日,

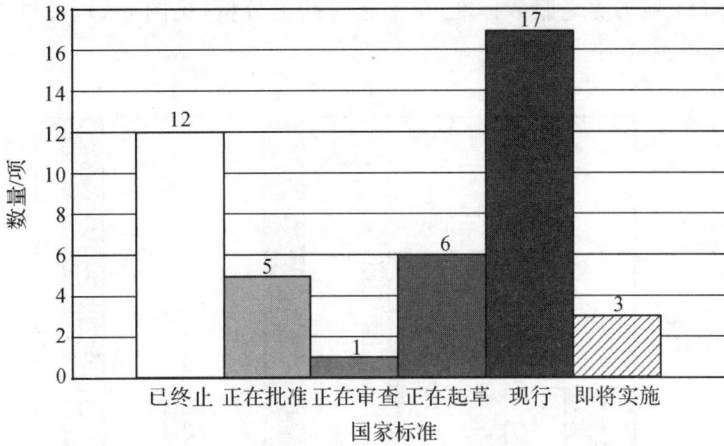

图 6-2 国家标准状态图

最新 1 项为 2019 年 7 月 1 日。

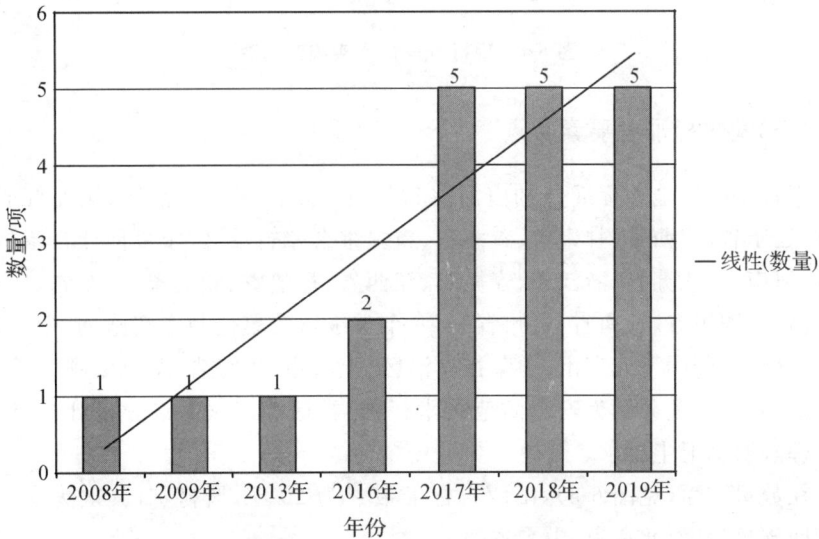

图 6-3 现行国家标准实施时间图

(二)行业标准各要素特点

现行 12 项行业标准均为推荐性标准,分别有 1、1、1、2、4、1、2 项主管单位为工业和信息化部、国家旅游局(原)、国家认证认可监督管理委员会、国家卫生计生委(原)、民政部、商务部、卫生部(原);从标准内容角度分析,1 项为老年人用品标准,11 项为养老服务标准;从实施时间上分析(见图 6-4),最早 1 项开始于 2001 年 3 月 1 日。

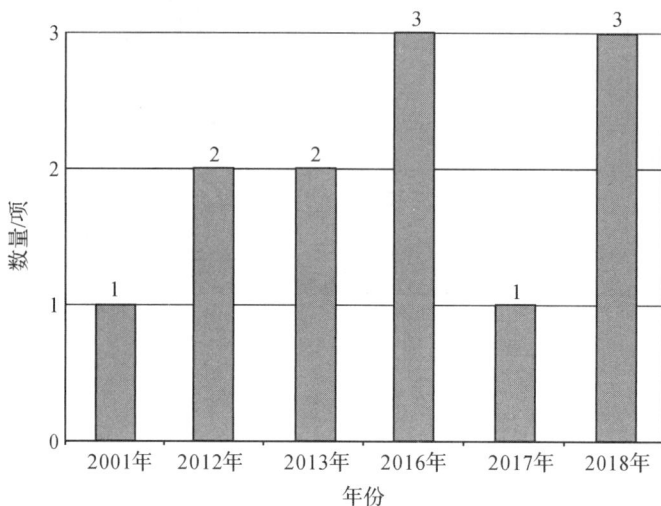

图 6-4　现行行业标准实施时间图

(三)地方标准各要素特点

现行 194 项地方标准分别由河北省、山西省、内蒙古自治区、黑龙江省、吉林省、辽宁省、陕西省、甘肃省、青海省、新疆维吾尔自治区、宁夏回族自治区、山东省、河南省、江苏省、浙江省、安徽省、江西省、福建省、湖北省、广东省、广西壮族自治区、四川省、云南省、贵州省等 28 个省级行政单位制定实施,其中 5 项为强制性标准,分属于北京市、内蒙古自治区、上海市、青海省,并且 2 项为消防安全标准,其余 3 项分别为安全防范技术标准、社区养老服务设施设计标准和老年护理院安全卫生要求。

在数量方面(见图 6-5),山西省标准数量为 20 项,居榜首,其次为安徽省、宁夏回族自治区、北京市、山东省……

从时间维度分析,江苏省 2001 年 10 月 1 日最早实施地方标准《社区服务养老服务规范》(DB32/T 482—2001),2013 年以来,养老服务地方标准数量直线式上升,至 2018 年出现明显下降(见图 6-6)。

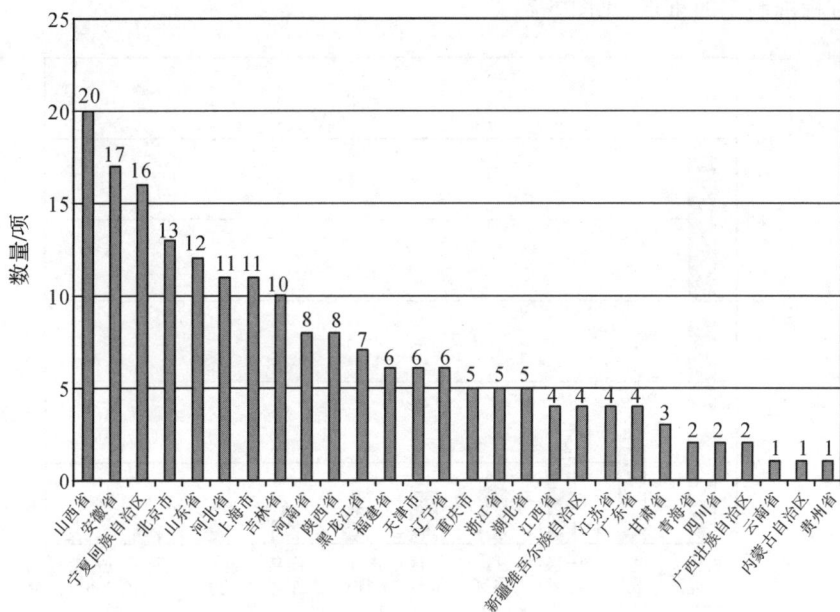

图 6-5 各省地方标准数量图

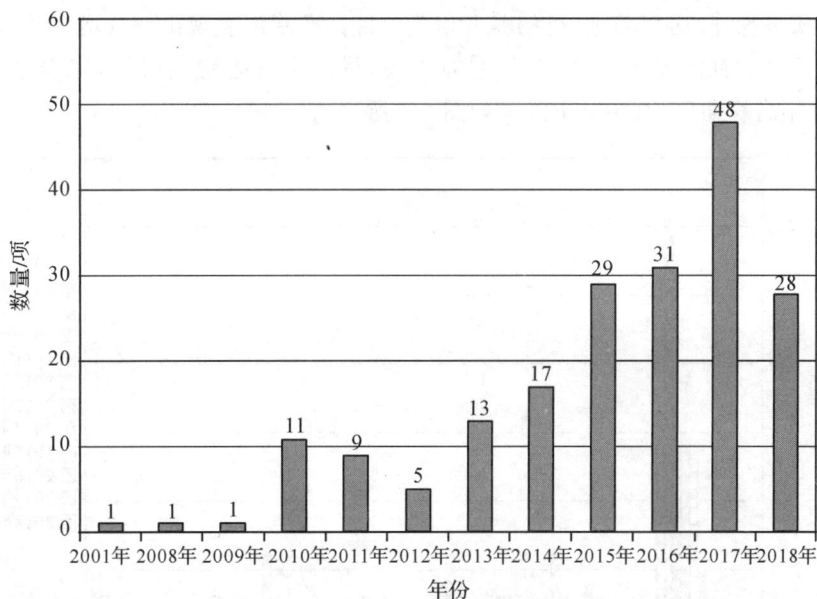

图 6-6 地方标准实施时间图

从地方标准内容分析,服务操作、候鸟旅养、机构养老、居家养老等主题是地方标准制定的重点(见图 6-7)。

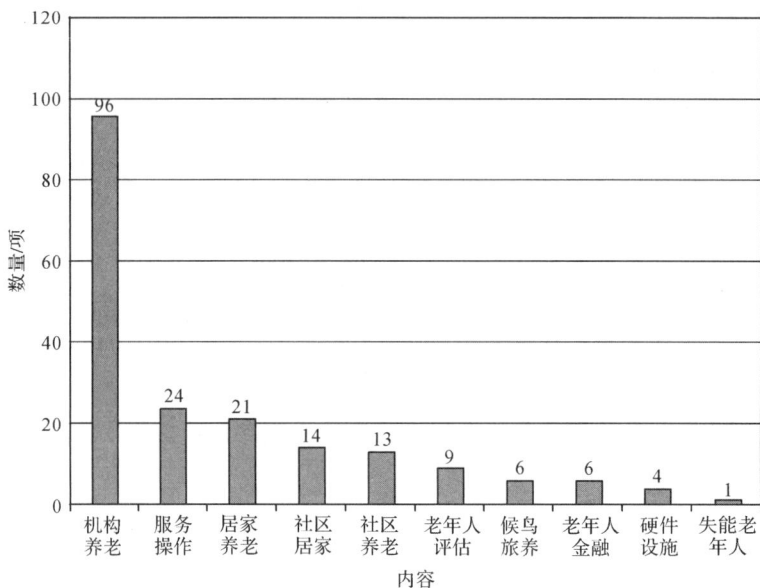

图 6-7 地方标准内容分布图

服务操作、居家养老、机构养老相关项目标准制定表现出持续增多趋势;老年人评估和社区养老于 2013 年左右出现,呈现上升态势;社区居家养老经历 2011 年高峰期后,有明显下降。如图 6-8 所示。

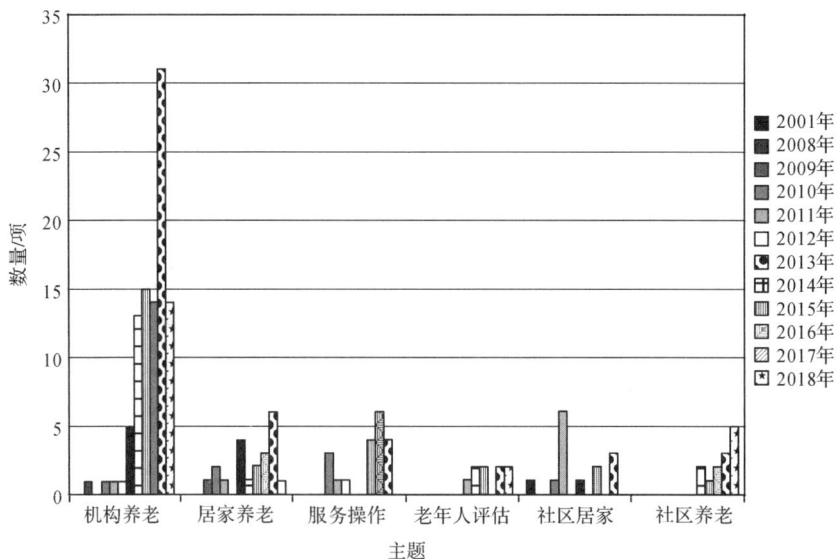

图 6-8 地方标准各主题时间分布图

(四)国家标准与行业标准对比

现行国家标准数量大幅高于行业标准,并且增长趋势明显高于行业标准。行业标准主管部门、起草单位均较国家标准丰富,具有较明显企业市场化特点,但国家标准起草单位均有政府职能部门,或具有政府背景技术组织牵头。见表6-3和表6-4。

表6-3　现行国家标准一览表

标准号	标准名称	主管部门	主要起草单位	实施时间
GB/T 20002.2—2008	标准中特定内容的起草 第2部分:老年人和残疾人的需求	国家标准化管理委员会	中国标准化研究院、中国残疾人联合会、全国老龄工作委员会、中国消费者协会、国家康复辅具研究中心	2008-12-1
GB/T 24433—2009	老年人、残疾人康复服务信息规范	民政部	中国康复器具协会、上海理工大学、上海假肢厂有限公司、重庆师范大学特殊教育学院、中国残疾人辅助器具中心等	2009-12-1
GB/T 29353—2012	养老机构基本规范	民政部	民政部社会福利和慈善事业促进司、中国社会福利协会、民政部社会福利中心、北京市质量技术监督局、北京市民政局、清华大学、北京市石景山社会福利院	2013-5-1
GB/T 31597—2015	城乡居民基本养老保险服务规范	人力资源和社会保障部(劳动)	人力资源和社会保障部社会保险事业管理中心、人力资源和社会保障部农村社会保险司、江苏省农村社会养老保险基金管理中心、吉林省社会保险事业管理局、安徽省城乡居民养老保险中心、福建省城乡居民基本养老保险中心、四川省职工社会保险事业管理局、陕西省宝鸡市城乡居民基本养老保险管理处	2016-1-1

标准号	标准名称	主管部门	主要起草单位	实施时间
GB/T 31596.2—2015	社会保险术语 第2部分：养老保险	人力资源和社会保障部（劳动）	人力资源和社会保障部社会保险事业管理中心、人力资源和社会保障部养老保险司、江西省社会保险管理中心、人力资源和社会保障部社会保障研究所、辽宁省丹东市社会保险事业管理局、江苏省无锡市社会保险基金管理中心、江苏省淮安市社会保险费征缴管理中心、山东省临沂市社会保险事业管理处	2016-1-1
GB/T 32417—2015	信息技术 用于老年人和残疾人的办公设备可访问性指南	国家标准化管理委员会	中国电子技术标准化研究院、福建实达电脑设备有限公司、珠海赛纳打印科技股份有限公司、佳能（中国）有限公司、上海富士施乐有限公司、爱普生（中国）有限公司、夏普办公设备（常熟）有限公司、利盟打印机（深圳）有限公司、柯尼卡美能达（中国）投资有限公司、中国惠普有限公司	2017-1-1
GB/T 33168—2016	社区老年人日间照料中心服务基本要求	民政部	国家康复辅具研究中心、民政部社会福利中心、中国社会福利协会、北京市老龄办	2017-5-1
GB/T 33169—2016	社区老年人日间照料中心设施设备配置	民政部	国家康复辅具研究中心、民政部社会福利中心、河南好佳老年服务中心	2017-5-1
GB/T 35620.1—2017	养老保险精算数据指标体系规范 第1部分：企业职工基本养老保险	人力资源和社会保障部（劳动）	人力资源和社会保障部社会保险事业管理中心、重庆市社会保险局、北京市社会保险基金管理中心、吉林省社会保险事业管理局、江苏省镇江市社会保险基金征缴管理中心、山东省潍坊市社会保险事业管理中心、重庆市质量和标准化研究院	2017-12-29

标准号	标准名称	主管部门	主要起草单位	实施时间
GB/T 35796—2017	养老机构服务质量基本规范	民政部	民政部社会福利和慈善事业促进司、民政部社会救助司、民政部社会福利中心、北京市第一社会福利院、北京市民政局、北京大学护理学院、江苏省苏州市社会福利总院、安徽省质量和标准化研究院、湖北省武汉市江汉区社会福利院、湖北省武汉市标准化研究院	2017-12-29
GB/T 34282.1—2017	社会保险关系转移接续 第1部分:企业职工基本养老保险	人力资源和社会保障部(劳动)	人力资源和社会保障部社会保险事业管理中心、江苏省无锡市社会保险基金管理中心、江苏省社会保险基金管理中心、广东省社会保险基金管理局、甘肃省社会保险事业管理局、北京市朝阳区社会保险基金管理中心、广东省肇庆市社会保险基金管理局	2018-4-1
GB/T 34278—2017	职工基本养老保险个人账户管理规范	人力资源和社会保障部(劳动)	人力资源和社会保障部社会保险事业管理中心、人力资源和社会保障部社会保障研究所、辽宁省社会保险管理局、江苏省镇江市社会保险基金征缴管理中心、广东省东莞市社会保险管理局、海南省三亚市社会保险事业局	2018-4-1
GB/T 34413—2017	职工基本养老保险待遇支付服务规范	人力资源和社会保障部(劳动)	人力资源社会保障部社会保险事业管理中心、重庆市社会保险局、山西省社会保险局、海南省社会保险事业局、江苏省淮安市社会劳动保险基金管理中心、山东省潍坊市社会保险事业管理中心、重庆市质量和标准化研究院	2018-5-1

标准号	标准名称	主管部门	主要起草单位	实施时间
GB/T 35619—2017	基本养老保险待遇稽核业务规范	人力资源和社会保障部（劳动）	人力资源和社会保障部社会保险事业管理中心、四川省职工社会保险管理局、四川省标准化研究院、辽宁省社会保险事业管理局、上海市社会保险事业管理中心、海南省社会保险事业局、黑龙江省哈尔滨市社会保险事业管理局、山东省菏泽市城乡居民养老保险事业处	2018-7-1
GB/T 35560—2017	老年旅游服务规范 景区	国家标准化管理委员会	中国标准化研究院、四川省峨眉山风景区管委会、浙江标准化研究院、攀枝花市质量技术监督局、浙江横店影视城有限公司、东莞市科技咨询服务中心、陕西太白山旅游区管理委员会、浙江省温州市鹿城区江心屿景区管理处	2018-7-1
GB/Z 36471—2018	信息技术 包括老年人和残疾人的所有用户可访问的图标和符号设计指南	国家标准化管理委员会	中国电子技术标准化研究院、中国残疾人联合会信息中心、成都信息处理产品检测中心、成都千泓标准化事务所有限公司、四川软测技术检测中心有限公司	2019-1-1
GB/T 36732—2018	生态休闲养生（养老）基地建设和运营服务规范	国家标准化管理委员会	中国标准化研究院、丽水市发展和改革委员会、安徽人与科技发展股份有限公司、台州市标准化研究院	2019-4-1
GB/T 36934—2018	面向老年人的家用电器设计导则	中国轻工业联合会	中国家用电器研究院、海信容声（广东）冰箱有限公司、厦门阿玛苏电子卫浴有限公司、珠海格力电器股份有限公司、松下家电研究开发（杭州）有限公司、奥克斯空调股份有限公司、无锡小天鹅股份有限公司、广东美的厨房电器制造有限公司	2019-7-1

续　表

标准号	标准名称	主管部门	主要起草单位	实施时间
GB/T 36947—2018	面向老年人的家用电器用户界面设计规范	中国轻工业联合会	中国家用电器研究院、厦门阿玛苏电子卫浴有限公司、广东美的厨房电器制造有限公司、海信容声（广东）冰箱有限公司、成都彩虹电器（集团）股份有限公司、珠海格力电器股份有限公司、奥克斯空调股份有限公司、无锡小天鹅股份有限公司	2019-7-1
GB/T 37276—2018	养老机构等级划分与评定	民政部	民政部社会福利和慈善事业促进司、民政部社会福利中心、北京师范大学中国公益研究院	2019-7-1

表 6-4　现行行业标准一览表

标准号	标准名称	主管部门	主要起草单位	实施时间
MZ 008 —2001	老年人社会福利机构基本规范	民政部	/	2001-3-1
MZ/T 032 —2012	养老机构安全管理	民政部	民政部社会福利和慈善事业促进司、中国社会福利协会	2012-4-1
WS 372.4 —2012	疾病管理基本数据集第 4 部分：老年人健康管理	卫生部	天津市医学科学技术信息研究所、中国社区卫生协会	2012-9-1
SB/T 10944 —2012	居家养老服务规范	商务部	哈尔滨邦尼老年服务有限公司	2013-9-1
MZ/T 039 —2013	老年人能力评估	民政部	中国社会福利协会、北京大学护理学院	2013-10-1
MZ/T 064 —2016	老年社会工作服务指南	民政部		2016-1-8
WS/T 484 —2015	老年人健康管理技术规范	卫生部	中国医学科学院北京协和医院、中国社区卫生协会、首都儿科研究所、北京医院、中国人民解放军总医院	2016-4-1

标准号	标准名称	主管部门	主要起草单位	实施时间
LB/T 052—2016	旅行社老年旅游服务规范	国家旅游局	中国旅行社协会、南开大学旅游与服务学院、广州广之旅国际旅行社股份有限公司等	2016-9-1
RB/T 303—2016	养老服务认证技术导则	国家认证认可监督管理委员会	中标合信(北京)认证有限公司、中国老龄事业发展基金会、国家认监委认证认可技术研究所、中国康复辅助器具协会、北京市社区服务协会、北京市东城区老龄办、北京市东城区质监局、百善先(北京)企业管理有限公司	2017-6-1
WS/T 556—2017	老年人膳食指导	国家卫生计生委	/	2018-2-1
WS/T 552—2017	老年人营养不良风险评估	国家卫生计生委	/	2018-2-1
HG/T 5294—2018	老年橡塑鞋	工业和信息化部	上海银发无忧科技发展有限公司、昆山多威体育用品有限公司、福建鸿星尔克体育用品有限公司等	2018-9-1

（五）国家标准、行业标准与地方标准对比

国家标准、行业标准在数量、涉及内容、覆盖面和约束力方面均低于地方标准，但是国家标准数量增长趋势上升，行业标准和地方标准增长趋缓。国家标准制定实施时间明显滞后于地方标准和行业标准，地方标准可操作性和系统性明显，并且带有一定区域地方特色。

三、意见建议

养老服务业的发展离不开市场的力量，但也要为规范发展创造相应的环境，标准的制订与实施无疑是最有效的抓手[1]。笔者对养老服务标准进行了梳

---

[1]　胡昕然.浙江养老服务走向标准化"老有所乐"衡量标尺更精确［EB/OL］.(2018-01-26)［2020-01-04］. http://society. zjol. com. cn/201801/t20180126_6460569. shtml.

理,总结归纳出以下问题。

(一)构建政府宏观引领机制,带动行业标准和团体标准制定

现行机构养老服务标准对加强机构养老服务质量控制起到了重要作用,但是我国现有的养老服务标准尚未形成完整的系统,主要表现为现行标准缺乏针对性、可操作性不强、养老政策体系不健全等三个方面[①]。我国行业标准发展存在明显短板,国家标准也未形成全面引领的宏观架构,地方标准受政府机构改革影响,出现明显停止,团体标准还未形成态势。因此,基于养老服务行业社会公益性明显、市场商业化较弱的特性,政府职能部门需要通过标准化组织、主管部门、行业协会,构建宏观推动机制结构,以地方推荐性标准、标准化试点、标准制订奖助等综合措施,带动行业标准和团体标准制定。

(二)省级行政单位根据需要,加强养老服务标准建设工作

养老服务标准化和个性化并不矛盾,标准再细致也难以将老年人所需全部囊括,每个老人的身体情况、失能状况不同,所需要的养老服务也不一样[②]。但是,各省级行政单位养老服务地方标准制订数量有近 20 倍差距,反映出其重视程度、建设理念等都存在巨大差异。虽然国家宏观政策放宽了对养老服务行业的准入机制,但是引领、规范养老服务行业发展的标准仍然急需。由图 6-5 分析,东部经济发达省级行政单位在养老服务标准建设工作方面还有不少"欠账"。

(三)社区养老、居家养老标准化建设需要进一步完善强化

我国社区居家养老管理中对老年人膳食规范的研究较少,对老年食堂食品采购规范、食品加工安全管理规范和膳食服务规范等几乎空白[③]。由图 6-7 反映情况分析,社区养老、居家养老服务标准制订存在明显滞后。机构养老、社区养老、居家养老在现行养老服务地方标准中的占比分别为 49.4%、6.7%、7.2%,与 90% 以上老年人居家或社区养老的现实状况不匹配。在社区养老、居家养老赢利空间较小,相应服务机构散、弱、微的现状下,政府宏观调配引导其

---

①　王章安.机构养老服务标准体系的研究现状与展望[J].中国老年学杂志,2015,35(10):2864-2867.

②　同上。

③　张欣琪,刘欣,刘佳依,等.社区居家养老照料中心膳食服务标准体系构建研究[J].中国标准化,2018(5):62-67.

标准化建设是有效手段。

(四)老年人用品、养老服务设施设备标准急需研制

养老服务设施作为应对我国老龄化的具有巨大潜在需求的建设项目,目前只有行政部门不同、层次不同的零散的标准作为指导(见表6-5),并未形成专门的养老服务设施工程建设标准体系[①]。

表6-5 现行老年人用品、养老服务设施设备标准一览表

标准号	标准名称	主管部门	主要起草单位	实施时间
GB/Z 36471—2018	信息技术 包括老年人和残疾人的所有用户可访问的图标和符号设计指南	国家标准化管理委员会	中国电子技术标准化研究院、中国残疾人联合会信息中心、成都信息处理产品检测中心、成都千泓标准化事务所有限公司、四川软测技术检测中心有限公司	2019-1-1
GB/T 36934—2018	面向老年人的家用电器设计导则	中国轻工业联合会	中国家用电器研究院、海信容声(广东)冰箱有限公司、厦门阿玛苏电子卫浴有限公司、珠海格力电器股份有限公司、松下家电研究开发(杭州)有限公司、奥克斯空调股份有限公司、无锡小天鹅股份有限公司、广东美的厨房电器制造有限公司	2019-7-1
GB/T 36947—2018	面向老年人的家用电器用户界面设计规范	中国轻工业联合会	中国家用电器研究院、厦门阿玛苏电子卫浴有限公司、广东美的厨房电器制造有限公司、海信容声(广东)冰箱有限公司、成都彩虹电器(集团)股份有限公司、珠海格力电器股份有限公司、奥克斯空调股份有限公司、无锡小天鹅股份有限公司	2019-7-1
GB/T 33169—2016	社区老年人日间照料中心设施设备配置	民政部	国家康复辅具研究中心、民政部社会福利中心、河南好佳老年服务中心	2017-5-1

① 娄乃琳,赵尤阳.养老服务设施规划建设标准关键技术和标准体系研究课题分析[J].建设科技,2017(7):12-16.

续　表

标准号	标准名称	主管部门	主要起草单位	实施时间
HG/T 5294—2018	老年橡塑鞋	工业和信息化部	上海银发无忧科技发展有限公司、昆山多威体育用品有限公司、福建鸿星尔克体育用品有限公司等	2018-9-1
DB15/ 509.6—2012	公共场所消防安全管理 养老院、福利院、幼儿园	内蒙古自治区质量技术监督局	/	2012-8-1
DB23/T 1583—2015	黑龙江省养老设施建设标准	黑龙江省质量技术监督局	/	2014-11-14
DB31/T 883—2015	老年友好城市建设导则	上海市质量技术监督局	上海市民政局、上海市委宣传部、上海市发展和改革委员会、上海市经济信息化委员会、上海市教育委员会、上海市科学技术委员会、上海市公安局、上海市财政局、上海市人力资源和社会保障局、上海市城乡建设和管理委员会	2015-6-1
DB33/T 828.5—2011	社会单位消防安全标准化建设指南 第5部分:医院、养老院、福利院、幼儿园	浙江省质量技术监督局	/	2011-5-15

　　表6-5不仅印证了娄乃琳、赵尤阳的结论,并且直观凸显出现阶段老年人产品和养老服务设施设备标准的缺失。中国老年学和老年医学学会会长刘维林表示,"我们的老年用品这个市场非常大,有的人预测说2050年,我们的老年用品市场有100万亿的市场份额,但我们现在这个老年用品,我们国家自主开发的才有2000多种,而日本是4万多种,德国是2万多种"[①]。契合老年人需求的产品、硬件设施设备是开展养老服务的基础,标准化建设是推动产品批量化生产的基础,因此企业在开发产品同时,要注重标准的研制,形成可持续发展机制。

---

　　① 百万亿级新市场:老龄产业消费升级,预计2050年达100万亿[EB/OL].(2018-10-22)[2019-06-01].http://www.sohu.com/a/270516124_100270670.

第三节 养老机构标准化建设策略

标准化是维护服务对象权益、提升管理水平与服务质量的重要技术手段，是营造安全、便利、诚信的养老服务消费环境的客观需要。以养老机构标准化建设为抓手，可以激励养老机构不断提高服务水平，推进养老机构标准化、规范化、专业化建设，促进养老机构快速、健康和可持续发展。目前，国内外标准化组织在社会养老领域进行着积极的探索与研究，这些将为宁波开展养老机构标准化建设工作提供宝贵的经验借鉴。

一、国际及发达国家养老服务业标准化建设现状

(一)养老服务业国际标准建设现状

1. 养老服务业国际化标准数量较少

国际标准化组织(以下简称"ISO")目前共发布实施了 12 项养老服务业国际标准，主要涉及信息技术在服务老年人方面的应用以及如何在制定标准时考虑老年人的需求等方面。

欧洲的标准化机构即主要包括欧洲标准化委员会(以下简称"CEN")、欧洲电工标准化委员会、欧洲电信标准协会、欧洲各国的国家标准机构以及一些行业和协会标准团体，发布了 5 项养老服务业标准，并在 CEN 内部成立了一个养老服务业技术委员会——CEN/TC 385"老年人住房服务"项目委员会，开展了相关工作。

2. 养老服务业国际化标准以技术领域标准为主

ISO 发布的 12 项标准中 5 项为信息技术方面的，7 项为老年人使用的设施设备及无障碍设计方面的。欧洲标准化机构发布的 5 项标准包括无障碍设计、老年人住房及住宅中五金配件的标准等内容。

(二)发达国家养老服务业标准化建设现状

经济发达国家，经济基础雄厚，老龄化社会持续时间久，社会保障较完善，社会养老服务体系较成熟，在提供养老服务方面积累了丰富的实践经验。

日本在养老服务业标准化建设工作方面成绩突出，共发布实施了 29 项养老服务业国家标准，不过与其他国家一样，这些标准亦多集中于技术和产品领

域。标准条目详细且具有非常强的可操作性,值得我们认真学习。

与日本的养老服务业标准具有极高的全国统一性不同,许多发达国家国家级标准很少,如美国、澳大利亚只有 1 项国家标准,德国有 2 项,英国有 3 项。这些国家主要为企业、机构或地方层面标准,具有较强的灵活性和适应性。发达国家养老服务业标准建设主要有以下特点。

1.分类开展标准化工作

英国对居家养老、社区养老和机构养老分类开展标准化的研制及评估工作。该理念恰恰符合中国实际,尤其是其在居家养老方面的标准化工作成效将为中国居家养老服务的大范围推广提供有力技术借鉴。

2.使用标准,开展养老机构服务质量监管

各国均高度重视养老服务提供机构的服务质量控制和监督管理,通过实施国家、企业和机构多层面标准,规范养老服务业健康有序发展、保护老年人利益。各国标准对于养老服务评价内容主要涉及服务质量(包括护理质量、生活质量等)、服务机构要求(包括场所、环境、设施设备)、针对养老机构的评估规范(包括评估流程、评估内容、评估人员要求)等方面。

美国对养老机构实行准入及标准化报告制度,用于获取顾客满意度、评价和检测照料机构的服务质量。美国卫生部医疗保险和医疗救助中心发布实施了两项养老服务标准,分别规定了养老服务的传统和新兴评价指标。养老机构实行准入及标准化报告制度,用于获取顾客满意度、评价和检测照料机构的服务质量,作为对于养老机构监督检查的手段和依据。对养老机构开展星级评估,评估内容主要包括服务质量管理、从业人员、老年人健康检查等方面,根据评估结果对养老机构评等定级,作为消费者选择养老机构的依据之一。经过长期的经验积累,美国各养老机构都制定了各自的服务标准,涉及服务流程、服务规范、服务技术、设备设施和质量监控等方面的要求。

德国中央长期照料社会保险基金联合会和联邦长期照料服务机构联合会根据法律共同制定了养老服务的原则和标准,对服务质量、质量担保及措施、机构内服务质量管理制度等给出具体规定。德国各州均建立了养老院护理质量监督机构,负责监督养老机构的服务质量。

由澳大利亚健康与老年部指定的老年服务标准和认证代理有限公司(Aged Care Standards and Accreditation Agency Ltd.)是专门从事养老机构资格认证的机构,根据管理体系、人员配置、组织发展,健康和人员服务,老年人的居住生活方式,实际环境和安全系统 4 项标准共 44 项要求对养老机构进行质量认证。老年服务评估小组(Aged Care Assessment Team)则根据医疗状况、身体状况、认知与行为能力、社会因素、物理环境因素、个人选择等标准指标对老年人需求进行全面评估,以确定其是否适合接受社区或机构养老服务,同时审批老年人能否享受由澳大利亚政府补贴的养老服务。

目前日本主要实施由厚生省老人保健福祉局制订的养老服务评价标准,涉及日常生活服务、特殊服务、其他服务、与相关业务单位的协作、设施设备与环境五方面内容,根据这五方面设定各种问题,组成服务评价项目。该标准对于养老服务的评价内容丰富广泛、要求明确详细,同时具有很强的可操作性,非常值得我们学习。

3.养老服务认证与养老服务标准制订工作协调开展

制订养老服务标准不是目的,通过标准的有效实施规范养老服务业健康有序发展、保护老年人利益是养老服务业标准化建设工作的出发点和落脚点。目前,澳大利亚、英国等国家在开展养老服务标准制订、实施工作的同时,已经依据标准广泛开展了养老机构的认证工作,以此来推动养老服务业发展。随着养老服务业标准化建设工作的深入开展,养老服务认证已成为养老服务业标准化建设工作的不可缺少的一部分。

这些标准虽然不是严格意义上的国家标准,但其灵活性和实用性有力地引导了养老服务业的健康发展、保护了老年人权益。此外,除了上述的评估与认证标准外,在养老机构的认证申请、养老机构对不合格服务的持续改进、养老机构的服务记录等方面均有相关标准。

二、国内机构养老标准化建设现状

(一)养老服务业标准制修订工作稳步开展

中国在养老服务领域的标准研制始于民政领域开展的标准体系研究与实践。2011年,民政部加快了养老服务业标准制修订的工作力度,采用彩票公益金专项资助方式,委托全国社会福利服务技术标准化委员会和中国社会福利协会行业标准化委员会、国家标准化研究院共同合作,推动养老服务业标准化建设。截至2012年底,在养老服务业领域,中国已发布国家标准2项、正在制订国家标准8项,已发布行业标准4项、正在制订行业标准1项;同时各省、市在推进地区养老服务体系建设中,也积极组织开展了标准化建设,据不完全统计,已发布地方标准19项。这些标准的制订与实施,成为规范全国养老服务行业、提高养老服务质量、加强行业管理的基础依据。

（二）一批养老服务业基础核心标准发布实施

2011年，民政部组织编制，经住房和城乡建设部、国家发展改革委批准的《社区老年人日间照料中心建设标准》（建标143—2010）、《老年养护院建设标准》（建标144—2010）两项养老服务业建筑标准发布实施，明确了针对社区老年人日间照料中心和老年养护院的建设要求，为养老服务设施建设提供了基本依据，也为社会力量参与养老服务体系建设明确了最基本的设施建设条件。

2012年3月，发布了行业标准《养老机构安全管理》（MZ/T 032—2012），首次以标准形式从养老机构的安全管理体系建设、设施设备安全、食品安全、消防安全、突发事件应急管理及安全教育与培训等10个方面对安全管理进行了统一规范和要求。2012年底，推荐性国家标准《养老机构基本规范》（GB/T 29353—2012）发布，于2013年5月实施。2013年8月，推荐性行业标准《老年人能力评估》（MZ/T 001—2013）发布，于2013年10月1日起实施。

此外，很多省市也在充分调研本地实际的基础上，颁布实施了一批养老服务业的规范性文件，及开展标准化建设工作。

（三）相关行业组织积极配合政府及专业机构开展养老服务与管理技术研发工作

中国社会福利协会2011年设立了"福怡养老专项基金"，从社会募集资金550万元，用于组织国家相关专业院校、科研机构开展养老服务与管理课题研发，设立了十大应用型研究课题，如老年人康复服务、护理服务、中医保健服务、精神文化服务模式，其研究成果为推进养老服务相关技术标准及职业技能培训标准的制修订打下了良好基础。

（四）养老服务业标准化技术组织逐步健全并有效开展工作

2009年，全国社会福利服务标准化技术委员会（SAC/TC315）获批成立，主要负责全国社会福利领域标准化建设工作。据统计，目前该技术委员会归口的已立项国家、行业标准共15项。

全国社会福利服务标准化技术委员会组织开展老年人康复服务、护理服务、中医保健服务、精神文化服务、社区老年人日间照料中心服务、社区老年人日间照料中心设施设备配置等基础研究项目，推动养老服务业标准化建设工作发展。2013年开始，全国社会福利服务标准化技术委员会与中国社会福利协会密切合作，在专业化培训中积极开展标准的培训与宣贯，仅《养老机构安全管理》（MZ/T 032—2012）的宣贯就累计7次，累计培训达2100多人次。

此外,住房和城乡建设部、全国服务标准化技术委员会(SAC/TC264)、全国残疾人康复和专用设备标准化技术委员会(SAC/TC148)也在一定程度上参与了养老服务业标准化研究标准制修订与归口管理工作,共同推动中国养老服务业标准化发展。

(五)养老服务业标准化实施力度不断加大

随着中国养老服务业标准化建设工作的逐步开展,各地养老服务业标准实施力度不断加强。在国家层面,北京市、江苏省、安徽省等地已先后开展了养老服务业领域国家级服务业标准化试点建设,其中北京"四季青镇敬老院养老服务业标准化试点"已于2011年顺利通过验收。

在地方层面,很多省市都启动了养老服务业标准化建设工作,开展了丰富多彩的活动。北京率先开展了养老机构星级评定及养老服务业地方标准制修订工作;黑龙江在全省范围开展了养老机构等级达标活动;天津、上海大力推进养老服务标准化建设;江苏加强养老服务设施设备建设,规范行业服务标准;宁波在推进城市居家养老服务规范化、标准化的基础上,积极开展城乡一体化居家养老服务试点。

三、宁波社会养老标准化建设现状及存在问题

2008年12月、2009年12月宁波先后出台了《关于开展城市社区居家养老服务工作绩效评估的通知》和《居家养老服务机构等级评定规范——宁波市地方标准》等政策文件,并于2013年在全市开展了首次居家养老服务机构的年度等级评定工作。居家养老服务的规范化和标准化工作走在了全国前列并积累了丰富的经验。宁波社会养老标准化建设中存在的问题主要有以下几个方面。

(一)养老服务业标准体系尚未建立

标准体系是标准化建设工作的基石,建立科学、合理的标准体系是有效开展标准化建设工作的重要基础。目前,宁波养老服务业尚未建立统一协调科学的标准体系,应尽快从市级层面形成统一的标准体系,指导全市养老服务业标准化工作的有序开展。

(二)标准总量与质量有待提高

现有养老服务业标准布局不够均衡、结构不够科学。就总量而言,宁波目前已发布的养老服务业核心标准较少,仅有针对居家养老服务和机构养老服务的三项规范,在养老服务设施设备等领域尚属空白。

(三) 技术组织与人才匮乏、资金保障不足

养老服务业标准化建设工作具有业务领域众多、业务类型复杂的特点,现有的标准化技术组织和人才队伍难以有效支撑养老服务业标准化建设工作,亟需进一步壮大宁波养老服务业标准化技术组织,培养一批既懂专业又懂标准化的复合型人才。标准化经费投入不够,标准化长效运行与保障机制尚待健全。

以制定养老机构等级划分标准和服务规范为抓手是推进宁波养老服务标准化建设的有效路径。建立一套科学、统一、完整的养老机构等级和服务规范的技术标准,为宁波养老机构建设和服务提供规范依据,从而加强宁波养老机构组织的标准化、规范化、专业化的服务管理,促使养老机构采取持续改进的措施,不断提升管理水平和服务质量。民政局牵头与宁波政府其他职能部门密切合作,促使养老机构等级评定工作落地,用市场经济的手段来推动养老服务同质同价、优质优价的良性运行和发展。

四、宁波社会养老标准化建设策略

推进养老服务标准化建设是加强宁波社会养老服务体系建设的重点工作内容之一。宁波社会养老服务标准化建设工作处于起步阶段,养老服务标准化体系以及标准化工作规划等顶层设计尚未制定,因此宁波市社会养老标准化建设应从机构等级划分、服务质量规范以及规范化推进三方面入手,进行标准化建设。

(一)养老机构等级划分

构建养老机构等级划分标准,目的在于推进养老机构标准化、规范化、专业化建设,以此为重要抓手,促进养老机构快速、健康和可持续发展。构建养老机构等级划分标准具有激励养老机构不断提高服务水平、促进养老事业持续健康发展和培育新的经济增长点等现实意义[①]。

养老服务机构等级划分标准的内容包括养老服务具体内容及实现服务目标所需要的保障条件两个方面,可以依次从建筑、设施设备、服务、饮食、医疗、精神层面以及制度管理层面来细分。硬件建设是等级划分标准实施的物质载体,对养老服务起着支撑性作用;软件建设是等级划分标准的重要体现,是养老服务的重要内容。因此,构成养老机构等级划分标准的主要内容如下:

---

① 陈延,祁义霞,黄金银.宁波养老机构服务标准构建研究[J].中共宁波市委党校学报,2013,35(5):120-123.

1.设施设备:基本设施除应符合国家相关规定外,还要符合老年人的特点需求。养老服务机构设施应包括基础设施、服务设施、接待设施、无障碍设施等。同时依托宁波智慧城市建设,加强信息化建设,建立入院老人电子病历。

2.人员配置:养老服务机构应根据工作岗位的不同,将人员进行分类,并根据国家相关的规定,明确其从业资格和条件①。一般养老机构分为管理人员、生活照料人员、老年护理人员、膳食服务人员、心理护理人员、医疗保健人员等,分工不同。如护理人员包括护士和老年护理员(护工),护士主要承担医疗服务、康复训练;老年护理员(护工)则主要承担日常生活护理。

3.管理制度:根据国家法律法规要求和养老机构实际,制定管理体系,明确岗位职责;根据服务项目特点,制定服务流程或程序,明确服务技术操作规范。操作规范应对所提供的养老服务进行各项约定,应至少包括:必要的设施设备、操作步骤、关键控制点及要求、时限或频次、记录要求、安全保障措施等。

4.生活照料:为老人提供饮食、起居、清洁和卫生照护等连续性照顾,确保老人日常生活整洁、安全、舒适。在生活照料上,由于护理级别的不同,照料内容也不一样;即使同一护理级别的老人对长期照料的具体需求也不同。

5.老年护理:根据住养老人的生活自理能力和护理等级规范,实行分级护理、分类管理。分级服务标准可以根据老人的生活自理能力和认知能力予以评估后确定。

6.医疗保健:满足老人基本的医疗需求,为入住的老人提供健康管理、社区保健、健康咨询、康复指导、预防保健等。为老人建立健康档案,组织开展老年病的预防、老年期的营养等宣传活动。

7.文体活动:定期组织娱乐健身活动以丰富老年人的生活,老年人的精神文化生活主要满足排解孤独寂寞,参与各种娱乐活动丰富生活,增进沟通交流,实现自我价值的需求。

8.心理护理:对入院老人提供心理/精神支持服务,对服务的老人定期进行评估,制定危机处理程序和预案,及时发现服务对象心理问题,有处理措施并有记录。为临终老人提供临终关怀、生活照料和医疗护理服务,减少老人生理上的不适和痛苦,尊重老人的宗教信仰,针对老人和家属的心理状态提供精神支持。

(二)养老机构服务质量规范

养老服务标准即服务质量规范,是指为了促进养老服务市场健康发展,保

---

① 李云飞.养老服务机构的标准化建设[J].品牌与标准化,2011(4):18-19.

障养老服务需求方的合法权益,由政府相关部门规定的对每个提供养老服务的养老机构起规范监管作用的规范。规范涉及的内容广泛而复杂,从纵向宏观来看,有国家、省市及养老机构层面,机构层面的服务规范更具有具体性、完整性和实践性;从横向微观来看,服务规范可依次从建筑、设施设备、服务、饮食、医疗、精神层面以及制度管理层面来细分。

养老机构服务质量规范的标准化过程,一般是在民政局和质量技术监督局的帮助下完成,它的主要内容有技术服务层面和管理服务层面,保证整个工作的标准化,具体应该包括表 6-6 所示内容。

表 6-6　养老机构服务质量规范建设项目

服务分类	具体内容
生活照料服务	清洁卫生(含口腔、皮肤清洁等)
	着装
	修饰
	饮食照料
	排泄护理
	压疮预防
膳食服务	一日三餐,食谱科学合理
	送餐
	个性化食谱
	个性化餐具
居室和环境卫生	居室清洁
	室、内外公共区域清洁
	生活垃圾统一处理
洗涤服务	自助洗衣
	衣物送洗、送回
	衣物整理和收藏
委托服务	代读、代写书信
	帮助处理各种资料
	代购、代领各种物品和代缴各种费用
	陪同老年人外出,协助处理购物或其他各种事宜等

服务分类		具体内容
安全保护服务		提供安全设施
		有约束物品,规范使用
		安全预防措施
医疗/康复护理服务	医疗护理	建健康档案,做好健康管理
		观察病情变化并记录
		协助老年人正确服药
		协助老年人移动
		预防感染及并发症
		陪同就医
		院前急救和转院等
	康复指导	肢体康复活动
		日常生活活动训练
		协助老年人使用助行器
		不能自理的老年人的肢体被动和主动运动
		适应个体情况的体育锻炼计划
		适应个体情况的休闲娱乐活动计划
		群体性康复活动计划
	保健咨询	健康生活方式指导
		老年病及慢性病防治知识和自我护理技术
		老年期营养卫生知识
		现有疾病的治疗、并发症的预防和康复知识
	临终关怀	生活照料
		医疗护理服务
		为家属提供精神支持
		协助做好其他事宜

续　表

服务分类	具体内容
心理/精神支持	新入住老年人"适应计划"
	极端个人问题的解决计划
	心理危机处理
	心理咨询活动
休闲娱乐服务	基本的棋类、阅读等活动
	有计划的团体性娱乐活动
	适应服务对象的娱乐活动
	娱乐活动类型丰富,能组织院外的活动

(三)养老机构等级评定及推进

1. 健全标准体系

借鉴国内外社会养老服务标准化建设的经验,研究制定符合宁波市养老服务业发展实际、满足宁波市养老服务业标准化现实需求的地方标准,研究完善科学合理的涵盖养老机构管理标准、服务标准以及技术支撑标准的工作框架。

2. 建立标准化建设工作机制

建立以政府主管部门为主导,专业标准化技术委员会为主体,各级行业协会和社会组织为承载、企事业单位共同参与的全市机构养老服务标准化管理和运行机制。加强技术组织建设。在成立行业标准化技术委员会的基础上,鼓励养老服务工作者参与标准化技术组织活动。充实养老服务业标准化专家队伍,发挥专家咨询与技术指导作用。建立成果转化机制。在加强养老服务业标准基础研究,推动标准实施的同时,鼓励养老服务领域应用型科研成果向标准转化,建立科研成果与标准制修订的良性衔接机制。

3. 建立养老服务评估机制

出台各类评估标准。制定和实施包括老年人能力评估、养老服务需求评估、养老服务质量评估和等级评定、养老服务供给资质评估和养老服务管理资质评估等在内的养老服务评估系列标准,分类开展老年人能力评估、服务需求、服务质量与资质评估工作。

4. 建立服务质量监管机制

开展行政监管。通过许可登记和监督检查等形式,使审批与监管相结合,形成对养老服务全过程的行政监管。实施行业监管。通过行业组织开展第三方评估,规范养老服务内容,提高服务管理水平。探索保险监管。探索推行养老服务专项保险,由保险机构开展保险监管工作,规范养老机构行为、降低机构运行风险。重视社会监管。建立社会评价和服务投诉机制,发挥社会舆论在规范养老服务中的重要作用。通过建立行政监管、行业监督、保险监管和社会监管"四位一体"的养老服务行业监管体系,为全面推进标准化建设提供有力保障。

5.建立人才评估机制

建立人才资质认证机制。制修订养老服务业人才分类、岗位设置和资质认证相关标准,建立养老服务业人才资质认证机制。建立标准化人才队伍。依托标准化技术组织、养老服务机构与组织、高等院校,通过专题培训、在职教育等方式,培养一批掌握标准化知识,熟悉养老服务业务的复合型标准化工作专业队伍。

宁波养老机构服务标准制订需要系统全面,建立以国家标准与行业标准为主体、地方标准为补充的标准化管理体系。应该涵盖养老机构可能涉及的所有硬件建设和软件服务,包括:养老服务质量、服务资质、服务规范、服务设施、服务安全卫生、服务环境监测、服务产品等标准,各种项目、指标都需要尽量细化、量化。同时,养老服务机构标准构建是一个动态的过程,是一项长期、系统的工程,服务标准的有效性、可行性取决于指标的阶段性及现实契合度,必须紧密结合宁波市经济社会发展水平、居民需求层次、要素支撑能力,建立动态调整机制。就发布方式而言,也是一个循序渐进的过程,宜先出台试行办法,再形成规范性文件,条件成熟时颁布地方性法规,逐步提高权威性和强制性。在实施步骤上,公办养老机构可以率先制定和实施养老服务标准化试点,以试点示范带动养老服务业标准的逐步推广实施。

第七章　宁波养老服务人才培养

伴随中国老龄化程度逐步加深,在政府职能部门相关政策宏观调控和社会主义市场经济推动下,养老服务业逐步形成了产业化趋势。产业发展遵循市场经济规律,养老服务业人才供需已成为养老服务产业发展的关键。通过综述已有养老服务人才研究成果,从宁波养老服务人才需求和高职院校人才培养供给的角度,提出高职院校根据市场需求,改造旧专业、建设新专业和革新教育模式,为养老服务产业发展输送素质高和技能强的专业化人才,促进养老服务业稳步发展,将养老服务产业打造成中国老龄社会中名副其实的朝阳产业。

第一节　养老服务人才研究概况

伴随中国老龄化程度逐步加深,在政府职能部门相关政策宏观调控和社会主义市场经济推动下,养老服务业逐步形成了产业化趋势。产业发展遵循市场经济规律,养老服务业人才供需已成为养老服务产业发展的关键。关于养老服务人才培养的研究2004年开始陆续出现,通过综述,发现已有研究存在"五多五少"的倾向。

一、养老服务人才研究著作

通过网络分别检索"养老服务人才培养""养老服务人才"和"养老护理员"三个关键词,未搜索到名称包含前两个关键词的论著,而"养老护理员"相关论著已有47本之多。这些论著主要根据养老护理员职业技能要求,介绍了养老护理员应掌握的初、中、高级养老护理知识。最早的论著是黄剑琴、彭嘉琳2002年主编的《养老护理员 基础知识与初级技能》,该书为北京市职业技能鉴定专用书,具体介绍了养老护理员的职业道德、有关老年人的法律法规、老年人护理基

础知识、老年人日常生活的照料、老年人护理常用技术等内容。2004 年劳动和
社会保障部中国就业培训技术指导中心组织编写了《养老护理员基础知识》《养
老护理员初级技能》《养老护理员中级技能》《养老护理员高级技能》和《养老护
理员技师技能》整套培训教材,分类细化了各级养老护理员知识技能的要求。
2013 年中国就业培训技术指导中心、人力资源和社会保障部社会保障能力建设
中心组织编写了《国家职业资格培训教程 养老护理员 基础知识》《国家职业资
格培训教程 养老护理员 初级》《国家职业资格培训教程 养老护理员 中级》等教
材。除了职业技能认定教材著作,从实际临床操作角度介绍养老服务员所需知
识的论著也开始出现,例如浙江民政康复中心、杭州市第二社会福利院编著的
《养老护理员实用操作手册》(2013 年 7 月出版)和宋慧娟、邢誉主编的《养老护
理员上岗手册》(2014 年 5 月出版)。这些论著以论述养老护理员应掌握的知识
为主要内容,对养老服务人才培养方式没有涉及,并且限定在养老服务的照护
服务的养老护理员工种上,缺乏养老服务人才的全面界定和论述。

二、养老服务人才研究期刊、报纸文献

相对于养老服务人才相关研究论著的数量,在中国知网检索到的"养老服
务人才培养""养老服务人才"和"养老护理员培养"期刊、学位论文、会议、报纸
等相关研究文献就比较丰富。截至 2020 年 12 月 31 日,篇名包含"养老服务人
才培养"或"养老服务人才"的文献有 130 篇,其中硕士学位论文文献 7 篇,报纸
会议文献 17 篇,期刊文献 90 篇;并且 2015 年至 2020 年发表的相关研究文献最
多,合计 110 篇,2004 年至 2014 年 11 年间发表的相关研究文献总计仅 20 篇,
还包含 9 篇报纸会议等文献;篇名包含"养老护理员培养"的文献有 11 篇。

2004 年,单超哲的《养老服务人才太少了》[①]结合大连职业技术学院老年服
务与管理专业的 50 余名大学生被提前抢聘事件,揭示了养老服务人才短缺的
情况。2007 年,黄岩松、陈卓颐的《机构养老服务高素质人才培养探讨》[②]以老
年人需求与老年服务体系为切入口,提出"机构养老服务高素质人才"就是指为
适应我国老龄化社会的需要而培养的在各种养老机构专门从事老年人服务与
管理工作的高级应用型人才,并且通过机构养老人才从业状况分析,结合国内
外高校养老服务人才培养的状况和模式,指出对于国内养老服务人才培养,首
先政府职能部门要高度重视;其次要明确养老服务人才岗位目标;再次要建立

① 单超哲.养老服务人才太少了[N].经济日报,2004-01-12(02).
② 黄岩松,陈卓颐.机构养老服务高素质人才培养探讨[J].长沙民政职业技术学院学
报,2007(4):77-79.

工学结合的人才培养模式;最后要加快相关教材研发。2009年,朱海滔的《养老服务:金矿待开,人才短缺》①根据养老机构找不到高素质人才和养老护理员持证率低的现状,认为养老服务人才培养应从养老机构自身入手,通过选送工作人员培训、自身内部培训、争取社会支持和人才引进来提升养老服务人才技能水平;黄岩松、陈伟然、潘国庆的《养老服务社会化进程中"工学结合"人才培养模式与途径探讨》②以老年服务与管理专业为例,提出公共事业类专业"工学结合"人才培养模式上要注重行业和学生的社会责任意识和爱心奉献精神,通过行业与学校共同制定人才培养方案、共同打造专兼结合的师资队伍、共同开发工学结合课程、共同改造传统教学模式、共同承担专业教学任务、共同建设专业实习实训基地等途径实现"工学结合"人才培养。2010年,韩忠智的《养老服务人才研讨会将召开》③认为养老服务人才市场尚未形成,造成教育培训机构培养的养老服务人才与养老机构人才需求的错位;孟令君的《养老服务行业需致力人才培养》④认为养老服务人才的培养要政府、行业和中高职院协作,结合各自职能共同发力,逐步解决养老服务人才短缺的状况。张白的《社会化养老服务人才的培养培训研究》⑤将研究的范围限定为社区、社会养老机构等从事社会化养老服务的人员,在调研淄博市社会化养老服务现状基础上,以淄博师范高等专科学校"老年服务与管理专业"人才培养为实例,介绍了养老服务人才的培养情况,以及在职培训的情况。2011年,5篇为报纸文献,主要从养老服务人才短缺的角度,呼吁社会关注相关人才的培养⑥,以及民政等部门开展养老服务行政管理人员、养老服务机构院长以及中高级养老护理员的培训情况⑦;于涛的《养老服务人才的现状调查与对策——以淄博市为例》⑧通过对淄博市19所养老机构的200名养老服务人员和部分管理人员进行调查,发现养老服务人才存在职业道德有待提高、专业知识较缺乏、学历层次较低、年龄结构偏大、性别结构不

①　朱海滔.养老服务:金矿待开,人才短缺[J].职业,2009(4):44-46.

②　黄岩松,陈伟然,潘国庆.养老服务社会化进程中"工学结合"人才培养模式与途径探讨[J].长沙民政职业技术学院学报,2009,16(3):66-68.

③　韩忠智.养老服务人才研讨会将召开[N].中国老年报,2010-06-29(1).

④　孟令君.养老服务行业需致力人才培养[J].社会福利,2010(8):36-37.

⑤　张白.社会化养老服务人才的培养培训研究[D].济南:山东大学,2010.

⑥　车辉.我国养老服务人才亟待职业化[N].潍坊日报,2011-01-06(5).

⑦　黄子哲,包佳薇.千万公益金助力养老服务专业人才培训[N].中国社会报,2011-11-11(4).

⑧　于涛.养老服务人才的现状调查与对策——以淄博市为例[J].社科纵横(新理论版),2011,26(2):94-97.

合理、服务队伍不稳定的情况,提出加强在职培训、提高在岗人员素质和增设老年服务类专业、加强专业人才培养的人才培养策略。2012 年,李玉玲的《养老服务人才队伍建设的实践与探索》①一文总结了国内养老服务人员培训、养老护理员职业资格认证、养老专业学历教育及相应激励机制建设情况;刘利君《养老服务专业人才队伍建设策略研究》②提出养老服务人才队伍建设要在人才的培养、选用、评价和激励等方面下功夫,通过学历教育和在岗工作人员能力提升实现养老服务专业人才"引得进、用得好、留得住";阎永胜的《社区养老服务人才培养模式研究——基于中日职业教育比较视角之思考》③提出学习日本通过职业教育模式成功地培训"介护士"解决养老服务人才难题的模式,找准高职院校养老服务人才培养目标定位,在"工学结合"原则指导下,培养养老服务人才,逐步建立中国"介护士"职业资格认定制度,并给出了扩大老年服务与管理专业生源、吸引社会力量投入老龄事业、加快"双师型"师资队伍建设、教学方法采纳直观教学方法和开展国际交流四条路径。

从 2013 年至 2020 年,养老服务人才培养研究文献大幅增加,其中 14 篇报纸会议文献以报道养老服务人才短缺为主④,涉及国内⑤外养老服务人才培养的经验⑥介绍,以及培养路径的探讨⑦⑧等。其余 94 篇含 7 篇学位论文和 87 篇期刊论文,这些研究基本可以归为以下四类:第一类为从养老服务产业人才总体需求角度,提出养老服务人才培养方法。例如,邹文开的《养老服务人才培养的机遇、挑战与对策》⑨提出第一提高养老服务人才培养层次,加快高级职业经理等高端人才培养;第二发展职业教育,培养一线养老服务人才;第三强化职业

---

① 李玉玲.养老服务人才队伍建设的实践与探索[J].社会福利,2012(2):24-25.

② 刘利君.养老服务专业人才队伍建设策略研究[J].社会福利(理论版),2012(4):34-39.

③ 阎永胜.社区养老服务人才培养模式研究——基于中日职业教育比较视角之思考[J].辽宁高职学报,2012,14(8):6-8.

④ 成海军.解决养老服务人才供给不足的六条路径[N].中国社会报,2018-12-24(02).

⑤ 徐宏,郑晓菲.养老服务人才培养问题及破题思路[N].中国人口报,2020-09-23(03).

⑥ 崔炜.奥地利养老服务人才培养之道[N].中国社会报,2015-02-02(7).

⑦ 甄炳亮,刘建华.养老服务人才队伍建设的困境与出路[N].中国社会报,2014-7-14(2).

⑧ 徐宏,王云辉,郑晓菲.养老服务人才供需匹配的实现路径[N].中国人口报,2020-02-03(03).

⑨ 邹文开.养老服务人才培养的机遇、挑战与对策[J].社会福利,2013(11):15-17.

培训和技能鉴定工作。张晓华的《养老服务人才培养的路径选择》[①]给出了第一扩大招生规模、提升培养层次,第二研究市场需要、提升综合能力,第三建立培训基地、提升服务质量,第四坚持志愿服务、提升技术含量等四条措施;伍宗云的《基于供给侧改革北京养老服务人才培养体系构建研究》[②]提出以国家制度与政策为依据,以供给侧改革为理论基础,尝试研究构建适合北京养老服务业发展特点的、立体化、规范化、多元化的养老服务人才培养体系,以促进北京整体养老服务质量提升。第二类为详细介绍国外养老服务人才培养方法的研究。吴杰的《日本养老服务人才培养模式及其对上海的启示》[③]一文以日本《社会福祉士及介护福祉士法》为依据,具体介绍了"社会福祉士"和"介护福祉士"法律层面的限定,以及其相关的理论和实操课程设置要求,最后结合上海养老机构和居家养老护理匮乏的现状提出学习日本养老服务人才培养模式的号召;余星等的《国外养老服务人才队伍建设比较研究——以日本、德国、丹麦为例》[④]认为日本、德国、丹麦在培养方式、资金政策、政府扶持三个方面开展的养老服务人才队伍建设经验,可为我国未来养老服务人才队伍建设提供借鉴。第三类基于地方经验需求,总结研究区域养老服务人才培养的方法。成希的《重庆市养老服务人才队伍建设研究》[⑤]探讨了重庆市养老服务管理人才(各类管理者)和护理服务人才(养老护理员、护士、康复医技人员等)在养老服务人才队伍建设中的作用;孙华的《养老服务专业人才供需矛盾的根源与对策:基于政府职能视角——以南京市养老服务专业人才供需矛盾为例》[⑥]探讨了南京区域养老服务人才培养思路;颜欢的《浙江嘉兴市:依托"六有"提升养老服务人才综合素质》[⑦]从规划、机构、队伍、项目、经费和平台六个方面介绍了嘉兴地区养老服务

---

① 张晓华.养老服务人才培养的路径选择[J].教育,2014(14):56-57.

② 伍宗云.基于供给侧改革北京养老服务人才培养体系构建研究[J].社会福利(理论版),2020(1):9-12.

③ 吴杰.日本养老服务人才培养模式及其对上海的启示[J].中外企业家,2014(24):226-227.

④ 余星,姚国章.国外养老服务人才队伍建设比较研究——以日本、德国、丹麦为例[J].经营与管理,2017(6):46-51.

⑤ 成希.重庆市养老服务人才队伍建设研究[D].重庆大学,2013.

⑥ 孙华.养老服务专业人才供需矛盾的根源与对策:基于政府职能视角——以南京市养老服务专业人才供需矛盾为例[J].社会福利(理论版),2013(12):23-26.

⑦ 颜欢.浙江嘉兴市:依托"六有"提升养老服务人才综合素质[J].社会福利,2014(9):57-58.

人才培训培养情况;李海彦的《山东省全面提升养老服务人才队伍素质》①介绍了强化政策推动,整合多方资源,建立起学历教育、职业教育和在职教育相结合的养老服务人才培养培训体系,全面提升养老服务人才队伍素质的相关经验。第四类为养老服务人研究视角具体化,从居家或机构角度切入。童玉林、栾文敬的《居家养老服务人才质量对居家养老服务需求的影响——基于城乡老年人调查的实证分析》②在分析调研数据基础上,指出社会环境、薪酬待遇、技能素质等是影响社区养老服务人才提升服务质量的关键,给出了营造"尊重人才、尊重劳动"的社会氛围,完善培训激励机制等提升养老服务人才质量的对策;蔡平等的《南京市社区居家养老服务人才需求的调研分析与对策建议》③提出通过高校扩招培养、医疗服务领域转移等措施,建设社区居家服务专业化人才队伍。

养老护理员作为养老服务人才的主体,其培养研究情况是养老服务人才培养研究情况的重要组成部分。因此,笔者对"养老护理员培训"文献也进行了检索,发现相关研究2013年、2014年和2015年各一篇。李绍明等提出通过政府加大对居家养老事业的各项扶持力度,社区完善养老护理员的管理和监督机制,社会开展道德教育和文体活动,个人加强培训力度、改善工作态度等方式提升养老护理员素质④;李爱夏等以初级养老护理员为研究对象,通过对比分析,认为Watson关怀理论应用于养老护理员职业素质培养,有利于改善养老护理员的职业认同感,提高其人文关怀素质⑤;曹蕾等通过对养老机构护理人员培训调查,分析得出校企合作模式职业能力培训能有效增强养老护理员的职业能力、提高其服务水平,可作为养老护理职业能力的培训方式优先选用⑥。

为进一步了解宁波市养老服务人才培养研究情况,笔者还对"宁波市养老护理员"进行了检索。陈延在介绍日本养老护理人才培养的基础上,提出了宁波加强制度建设、实施相应补贴、增加人才培养和公司化运作等具体人才培养

① 李海彦.山东省全面提升养老服务人才队伍素质[J].中国社会工作,2020(23):35.

② 童玉林,栾文敬.居家养老服务人才质量对居家养老服务需求的影响——基于城乡老年人调查的实证分析[J].宏观质量研究,2014,2(2):94-101.

③ 蔡平,陈社育,胡滨.南京市社区居家养老服务人才需求的调研分析与对策建议[J].南京广播电视大学学报,2019(4):1-5.

④ 李绍明,黄嘉丽,黄丹.养老护理员的素质现状及培养对策研究[J].探求,2013(4):93-97.

⑤ 李爱夏,曹蕾,陈燕,等.Watson关怀理论在养老护理员职业素质培养中的应用[J].护理学报,2014,21(22):12-14.

⑥ 曹蕾,金幸美,王凤,等.校企合作模式在养老护理员职业能力培养中的应用[J].护士进修杂志,2015,30(2):108-111.

建议①；汪文萍依据社会调研数据分析，应通过提升养老护理员待遇、设立准入机制和深化人才培养体制等策略提升养老护理员队伍的素质②；方士婷等以调研养老机构养老护理人员存在的问题为切入口，提出政府职能部门加强支持，养老机构加强自身建设，逐步实现养老护理员职业素质的提升③；夏雅雄等的《宁波市养老护理员核心能力培训的效果研究》④认为培训中注重学员学情，贴近实际工作需求设置培训内容，有效提高了养老护理员的核心能力；王凤等的《宁波市养老机构养老护理员培训现状及需求》⑤通过调查得出，养老机构护理员整体年龄偏大、文化程度低、多为合同工、工作强度大，护理员对培训内容的需求受到文化程度、护龄、岗位和月薪的影响。

养老服务人才培养研究已全面兴起，对其界定不再局限于养老护理员的范围，研究角度从养老护理人才存在的问题入手，宏观性提出政府、行业、人才培养部门应如何采取措施，形成了大量为研究而研究的成果，现实操作和借鉴意义有限。当然也有部分研究成果紧密结合院校人才培养，或是地方区域需求研究养老服务人才的培养，形成了特色，具有切实可行的借鉴性。

三、养老服务人才研究存在的问题

(一)外延多,研究少

现阶段养老服务业主要包括老年生活照料、老年产品用品、老年健康服务、老年体育健身、老年文化娱乐、老年金融服务、老年旅游等，相应专业人才需求逐步凸显。针对养老服务人才培养的研究主要围绕各类养老服务人才需求展开，而对于人才怎样培养、培养什么人、谁来培养则缺少深入的思考与研究。

(二)自述多,借鉴少

美国、日本、荷兰、澳大利亚等发达国家的养老服务业发展已经相对成熟，

① 陈延.借鉴日本经验 发展宁波养老护理队伍[J].宁波通讯,2013(15):58-59.
② 汪文萍.宁波市养老机构护理员队伍建设探讨[J].中共宁波市委党校学报,2014,36(2):102-105.
③ 方士婷,夏雅雄,赵志邈,等.宁波市养老机构养老护理员职业素质现状与对策[J].中国高等医学教育,2014(6):21-22.
④ 夏雅雄,盛芝仁,袁葵,等.宁波市养老护理员核心能力培训的效果研究[J].中华护理教育,2017,14(5):365-367.
⑤ 王凤,叶国英,徐萍,等.宁波市养老机构养老护理员培训现状及需求[J].中国老年学杂志,2018,38(18):4555-4557.

在相关人才培养方面也有成套的教育体系。我们对这些国家的经验介绍还甚少,只有阎永胜、陈延、吴杰和崔炜等研究者介绍了日本和奥地利在养老服务人才培养方面的经验,还没有形成体系,还有很多空间可以拓展。我国台湾、香港地区的养老服务业发展也较好,我们应特别重视学习、研究、借鉴我国台湾和香港地区的经验,因为它们在吸收发达国家经验的同时,结合中华民族的特点,形成了符合自身特点的养老服务业经验体系。

(三)呼吁多,落实少

笔者在梳理文献过程中,发现报纸类文献占到了13.08%,并且这些关于养老服务人才培养的文章多为呼吁,单纯地报道人才的需求,或人才供应不足,或某学校开展了相关人才培养等,以求获得社会对于养老服务人才的关注。但是,这种呼吁被视为一般新闻事件,不能真正改变人们的观念,也没有给出切实可行的解决方法,难以将养老服务人才培养工作落地。

(四)问题多,方法少

现阶段国内针对养老服务人才培养研究主要从问题入手,探讨问题产生的原因,以及养老服务人才培养宏观策略等。针对问题,提出具体解决方法的研究文献不到50%,使得现阶段研究处在各种问题不断涌现,解决措施也只在宏观层面泛泛而谈,不能深入到具体问题,提出实际的解决方法。

(五)理论多,经验少

国内研究者针对养老服务人才培养,借鉴了现有的一些培训理论,例如校企合作、理实一体、社会实践等,提出了一些理论层面的意见建议。但是这些理论的具体成效,以及在实际运用过程中出现的问题、改进措施等都还缺少经验性介绍。现阶段不仅需要理论的探讨,更应结合人才培养实际工作,给出可模仿、复制、推广的具体经验。

我国养老服务产业正处于形成、完善、发展的阶段,人才需求旺盛而强烈。众多专家、学者,以及养老服务业管理者和员工都加入到人才培养的呼吁、探讨、研究中来,形成了良好的氛围和人才培养基础。但是,如同产业发展需要一个摸索成长的过程,养老服务人才培养研究工作还有很长的路要走。

第二节 养老服务人才培养情况

在《国务院关于加快发展养老服务业的若干意见》（国发〔2013〕35 号）和《浙江省人民政府关于加快发展养老服务业的实施意见》（浙政发〔2014〕13 号）都提出养老服务业"产业规模显著扩大"的发展目标背景下，《宁波市人民政府关于进一步鼓励民间资本投资养老服务业的实施意见》（甬政发〔2014〕68 号）出台，明确了养老服务业作为重要产业来发展的思路。养老服务产业的发展在我国社会主义市场经济体制下，受到市场经济规律制约，特别是在老龄化加剧、劳动力人口逐步下降的背景下，养老服务人才的供需情况将成为养老服务产业发展的关节点之一。现阶段养老服务业主要包括老年生活照料、老年产品用品、老年健康服务、老年体育健身、老年文化娱乐、老年金融服务、老年旅游等，相应专业人才需要逐步凸显。本节从宁波养老服务人才需求和高职院校人才培养供给的角度，提出高职院校根据市场需求，改造旧专业、建设新专业和革新教育模式，为养老服务产业发展输送素质高和技能强的专业化人才，促进养老服务业稳步发展，将养老服务产业打造成中国老龄社会中名副其实的朝阳产业。

一、养老服务人才供需情况

（一）养老服务人才需求

据统计，2019 年宁波城镇居民人均可支配收入为 64886 元，农村常住居民人均可支配收入为 36632 元，居于全国前列[①]。随着居民收入水平的提高，以及养老保险制度的基本完善，老年人生活需求从生存层面，逐步上升到了更高层次的精神文化生活，需求也呈现多样化趋势。目前中国需要 1000 万养老服务人员，缺口巨大[②]。但养老服务人才需求不再局限于生活照料人才需求层面，专业护理服务、管理服务、休闲娱乐服务、产品设施研发、金融理财服务、学习教育服务等方面人才需求也逐步凸显。

---

① 宁波市统计局 国家统计局宁波调查队. 2019 年宁波市国民经济和社会发展统计公报［EB/OL］.（2020-03-16）［2021-02-07］. http://tjj. ningbo. gov. cn/art/2020/3/16/art_1229042825_43281777. html.

② 姬小梅. 中国居家养老调查：专业服务人才少［J］. 法制与社会，2014(8)：58-60.

1.生活照料服务人才

截至 2019 年末,80 岁以上高龄老人占老年人口总数的 14.1%,并且纯老家庭老年人数 57 万,占老年人口总数的 36.5%,宁波老年人高龄化、空巢化程度较重。这些老年人或是老年人家庭或多或少地需要生活照料服务,传统的家庭保姆照料模式难以持续。随着改革不断深化和城镇化建设的推进,城乡收入差距不断缩小,劳动力价格不断上升。这几年,保姆价格逐年上涨,给老年人经济生活造成了一定压力,专业化、高效率的现代生活照料服务人才成为解决该问题的关键。

2.专业护理服务人才

2013 年宁波因慢性病死亡人数为 30142 人,占居民总死亡的 82%,慢性病已成为宁波居民的最主要死因。老年人为慢性病的主群体,据统计浙江省 86% 的老年人至少患有一种慢性病[1],以此推算宁波老年人患慢性病人数为 102.1 万;并且宁波老年人失智症患病率为 4.89%,失智老人的数量已超过 5.5 万人[2]。宁波市 220 多家养老机构共有养老护理员 2602 人,其中取得养老护理员职业资格证的仅有 1409 人,且绝大多数为初、中等级[3],由于专业护理服务人才的匮乏,多数养老机构都不愿意接收失智或患有疾病的老年人。

3.管理服务技术人才

截至 2019 年底,宁波共有机构养老服务设施 282 所,从业管理服务技术人员 1000 多人。调查发现这些管理人员具有单一服务技或管理学术教育背景,既懂技术又会管理的人才匮乏,制约了养老机构的发展,也影响着养老服务业的专业化进程。

4.休闲娱乐服务人才

宁波休闲娱乐消费旺盛,休闲旅游人数逐年递增,据统计宁波 2014 年上半年有 6.25 万人次游客赴台旅游[4]。老年人有一定经济基础和大量时间,参加旅游休闲活动是其生活中的重要组成部分。但是身体机能的衰退,促使老年人心

---

① 牛虹懿,倪荣,王悦,等.浙江省老年人慢性病患病率及影响因素分析[J].中国农村卫生事业管理,2014,34(4):377-381.

② 童程红.宁波失智老人超 5.5 万人 建立照护体系最需要专业人员[N].宁波晚报,2014-11-10(06).

③ 方仕婷,夏雅雄,赵志邈,等.宁波市养老机构养老护理员职业素质现状与对策[J].中国高等医学教育,2014(6):21-22.

④ 曹爱方.台湾成为宁波居民最大出境旅游目的地[N].宁波日报,2014-08-03(02).

理、观念都与年轻人不同,休闲娱乐的内容、方式、观念都有其独特性。符合老年人身心特点的休闲娱乐项目的开发和运作需要专业的休闲娱乐服务人才。

5.产品设施研发人才

《关于促进老年用品产业发展的指导意见》(工信部联消费〔2019〕292 号)指出:2025 年,中国养老服务产业规模预计将超过 50000 亿元[1]。这其中包括各类老年人饮食、日常用品、器具、设施的开发建设。例如《宁波市城市社区布局规划(2007—2020)》规定:"居家养老服务站:每 0.75～1.00 万人设一处,每处建筑面积 100～150 平方米,服务内容包括养老、护理、康复、日间托管、老年之家等。一般每个社区设一处。"这些老年人产品、设施、器具的设计、开发、维护都需要专业人才的参与。

6.金融理财服务人才

2019 年底,宁波 60 岁及以上户籍老年人达 156 万,其中农村老年人口 60 万[2]。依据 2019 年宁波城镇居民人均可支配收入 64886 元、农村常住居民人均可支配收入 36632 元计算,宁波老年人 2019 年大约可支配 842.70 亿元资金。如何盘活老年人的收入资金,需要具备了解老年人身心特点的专业金融理财服务人才,通过有针对性地开发相关服务,才可能实现金融机构和老年人的共赢。

7.学习教育服务人才

《中华人民共和国老年人权益保障法》提出"老有所养、老有所医、老有所为、老有所学、老有所乐"的目标,不仅全面贯彻了终身学习的理念,也契合老年人的实际需求。宁波老年大学仅有一所,设有书画、文史、烹调、摄影、服装等专业,教育规模和教育内容都难以满足老年人需求。但是,宁波养老机构主要以生活照料和护理服务为主,能够为老年人学习教育提供服务的人才缺失。

(二)养老服务人才供给

2019—2020 年,宁波共有高职高专院校 7 所,全日制高职高专生 5.9 万

---

① 中华人民共和国民政部.五部门印发《关于促进老年用品产业发展的指导意见》的通知〔EB/OL〕.(2020-01-17)〔2020-12-04〕. http://www. mca. gov. cn/article/xw/tzgg/202001/20200100023055. shtml.

② 窦瀚洋.吃饭有食堂、生活有照顾、安全有保障,浙江宁波——服务越来越好 村里安心养老〔N〕. 人民日报,2021-01-11(13).

人①,但是其中专为养老服务产业提供的人才却有限。根据 7 所高职院校 2020 年招生计划分析,仅有宁波卫生职业技术学院招生的护理专业(养老护理方向)是为养老服务产业培养专业护理人才的专业。但是 6 所高职院校已有专业人才培养基本涵盖了普通人衣、食、住、行、乐等方面的需求。例如,服装工艺技术、医学营养、食品加工技术、建筑工程技术、工业设计(产品设计)、电气自动化技术、旅游管理类、市场营销、保健品开发与管理、化妆品技术与管理、康复治疗技术、生物制药技术等相关专业,宁波高职院校都已具备,就是缺乏对养老服务产业的倾斜,没有把握产业需求,造成了养老服务人才供给不足。

二、养老服务人才培养建议

养老服务产业已初步成型,从供需视角可知宁波地区高职院校养老服务人才培养还没有形成规模,需要根据市场情况对现有专业和教学模式进行调整。

(一)适应市场需求——改造旧专业

《教育蓝皮书:中国教育发展报告(2014)》指出,国内高职院校财经类、电子信息类、文化教育类等重置率在 60%～80%,建议高职院校根据市场需求及时对学科专业设置进行相应的调整。宁波高职院校之间也存在专业重置问题,例如市场营销、电子商务、会计专业有 3 所高职院校开设,应用英语、物流管理、建筑工程专业有 4 所,国际经济与贸易类有 5 所。高职院校专业重复设置与原有社会需求有关,现阶段养老服务产业人才需求旺盛,高职院校应结合已有专业优势,通过聚焦专业、增设专业方向等方式改造旧专业。例如,卫生信息管理、财政金融类、建筑工程技术、旅游管理类、服装工艺技术、工业设计(产品设计)、电气自动化技术、市场营销等专业可以聚焦到养老服务业,为养老服务产业培养所需人才;保健品开发与管理、化妆品技术与管理、生物制药技术、食品加工技术、医药营销、中药、中药制药技术、医学营养、言语听觉康复技术、康复治疗技术等专业则可以直接开设老年方向,既可以满足社会需求,也有利于学生就业。

(二)开发市场需求——建设新专业

高校不仅是高素质人才培养的基地,也是社会发展的重要引导力量。宁波区域养老机构现阶段急需具有基础理论、专业知识和技能的应用型老年服务与

---

① 宁波市教育局.宁波市 2019—2020 学年度高等教育基本情况[EB/OL].(2020-05-28)[2020-9-11].http://jyj.ningbo.gov.cn/art/2020/5/28/art_1229166713_1440172.html.

管理人才,但是宁波高职院校没有相应专业培养这类人才。因此,高职院校应结合养老服务产业需求,与行业共同对老年服务与管理岗位进行深入开发,开办"老年服务与管理"专业。1999年,大连职业技术学院在全国高等院校中率先开设了"老年管理与服务"专业①,随后大连职业技术学院、长沙民政职业技术学院、北京城市学院、北京社会管理职业学院、山东淄博师范高等专科学校等院校相继开设了"老年服务与管理"专业。该专业的相关课程、师资、实训等相关建设都已有章可循,宁波高职院校可结合区域发展情况,以及自身学科领域背景建设"老年管理与服务""社会工作""老年保健"等专业。

(三)结合市场需求——革新教育模式

随着消费需求向高级阶段发展,消费者的个性化需求逐步提升,在养老服务产业中,为满足老年人个性化需求,提供个性化服务,不同企业就会需要不同特点的服务人才。传统高职院校一刀切的教学培养模式,以及纯理论灌输式教育已不能适应社会需求,并且《国务院关于加快发展现代职业教育的决定》(国发〔2014〕19号)提出"课程内容与职业标准对接,教学过程与生产过程对接,毕业证书与职业资格证书对接",要求"推动教育教学改革与产业转型升级衔接配套"。因此,高职院校在养老服务人才培养过程中,首先要推行"知识素质+职业技能"的培养模式,通过与教育、人社等政府职能部门协调,结合职业证书设置专业核心课程,使得学生的课堂学习更具有使用价值;其次要推进学生开展专业社会实践,帮助学生在实践过程认识、接受、热爱养老服务业,消除学生对服务行业的抵触心理,转变学生观念;再次要探索校企协同育人机制、推进招生招工一体化、完善人才培养制度和标准、建设校企互聘共用的师资队伍和建立体现现代学徒制特点的管理制度等。

适应区域养老服务产业发展需求,产教深度融合的宁波高职院校养老服务人才培养建设工作模式还有很长的路要走。本节从养老服务人才需求和高职院校人才培养供给的角度来分析养老服务人才培养工作,得出了围绕市场培养人才的三个策略,以期对养老服务业发展贡献力量。但是养老服务业市场需求千变万化,千头万绪,研究工作也只能撷取一点,还有很多工作需要进一步补充完善。

---

① 单超哲.养老服务人才太少了[N].经济日报,2004-01-12(02).

第三节　养老服务人才培养创新

为促进养老服务人才培养培训,宁波市民政部门制定实施了《宁波市老年服务与管理类专业毕业生到养老机构入职奖补办法》(甬民发〔2014〕130号)。针对普通高等院校、高等职业技术学校(包括杭州师范大学成人教育养老服务与管理专业、宁波老年照护与管理学院成人教育养老服务与管理专业)、中等职业技术学校(含职高)全日制相关专业毕业,入职宁波市养老机构(纳入事业单位正式编制的除外),直接从事养老服务、康复护理和管理等工作,并持有人力社保部门颁发的《养老护理职业资格证书》的人员进行奖补,建立入职奖补引才制度,根据不同学历对一线养老服务人员给予本科及以上4万元、大专3万元、中专(含职高)2.1万元的奖励补助。实施特岗津贴留才制度,对养老服务机构中持证养老护理员按照初级、中级、高级、技师分别给予每人每月150元至300元的特殊岗位津贴。2018年《宁波市大中专院校毕业生创业和入职养老服务机构补助办法》(甬民发〔2017〕137号)进一步拓展了补贴范围,包括创业补助和入职补助对象两类,具体为在校大学生或毕业5年以内的高校毕业生在宁波市初次创办的养老服务机构,入职宁波市养老服务机构(包括养老机构、居家养老服务机构,纳入事业单位正式编制的除外)的普通高等院校、高等职业技术学校、中等职业技术学校(含职高)毕业生。同时,宁波高校也通过创新模式,积极探索"政校行企"协同进行专业培训育才,成立"宁波老年照护与管理学院",开展养老服务人才培养培训,近三年招收学生1350名①。本节从高校服务区域发展、创新养老服务人才培养角度进行介绍。

一、高职院校服务地方相关研究

高职院校由省、自治区、直辖市人民政府等相关部门主办和拨付教学经费,是我国高等教育的重要组成部门,承担着促进区域经济、社会发展和培养高端技能人才的重任。在30多年的快速发展过程中,高职院校主要在人才培养、科学研究、服务经济社会发展、文化传承创新等方面服务地方发展,其依靠地方、融入地方、服务地方的理念逐步形成,校企合作、产学研结合、产教融合等服务

---

①　周忠贤.宁波市构建"一网络三服务一保障"居家养老服务体系[EB/OL].(2020-01-16)[2020-12-05].http://mzzt.mca.gov.cn/article/zt_hlwjmzfw/mtgz/201901/20190100014458.shtml.

模式也陆续出现。近年来,部分高职院校构建的服务地方"政校行企"模式迅速发展。该模式由政府主导、行业引领、企业参与、学校推进,促使了利益相关方的联系更密切,推动了高职院校服务地方工作的开展。但是,服务地方"政校行企"模式存在的合作松散,结合不实;投入有限,力量不足;利益相悖,供需不均等问题亟待解决。通过梳理高职院校服务地方研究资料和具体实践经验,提出高职院校服务地方工作要进一步深化,推动"政校行企"模式发展,促进养老服务人才培养。

高职院校的发展离不开地方政府、行业、企业的支持,为促进高职院校与所在地方提升发展形成良性助推循环,高职院校服务地方相关研究自 2001 年起陆续出现,主要集中在以下三个方面:

(一)服务地方内涵及能力探讨

仇雅莉提出,社会服务是高职院校的重要社会责任,但是,高职院校应该在提高人才培养质量的同时提升社会服务能力[①]。缪宁陵则认为高职院校社会服务是教学和科研功能的延伸,也是高职院校最主要、最核心的职能[②]。缪宁陵还提出高职院校要主动开展社会服务,在政府支持下,完善相关体制和机制。

在高职院校社会服务能力方面,刘明星总结认为地方高职院校社会服务能力现状表现为人力资源供给不足、设施设备功能单一、技术资源市场脱节、服务时间投入有限、服务对象参与不够,需要创新体制机制,通过沟通和资源优化,提升社会服务能力[③]。王文渊等则针对高职院校社会服务能力评价,构建了由 4 个一级指标、13 个二级指标和 40 个三级指标组成的高职院校社会服务能力评价指标体系,量化了高职院校社会服务水平[④]。

(二)服务地方经济发展的探讨

雷久相总结指出高职院校服务地方经济发展的研究文献主要围绕服务地

---

① 仇雅莉.示范性高职院校社会服务的内涵与实践[J].教育与职业,2010(20):169-170.

② 缪宁陵.我国高职院校社会服务的现状及思考[J].哈尔滨职业技术学院学报,2014(01):42-43.

③ 刘明星.地方高职院校社会服务能力分析及提升策略[J].中国职业技术教育,2013(19):83-85.

④ 王文渊,王玮婳,李贝晶,等.高职院校社会服务能力评价指标体系探讨[J].职业教育研究,2016(7):42-45.

方的必然性、定位与内容、路径与模式、现状与问题、典型案例等方面展开①。薛亨微提出高职院校建设与地方经济发展具有相互促进的关系,政府应该发挥主导作用,为高职院校和企业搭建平台,高职院校自身也要根据企业和地方社会经济发展需要进行教学、科研和专业改革②。冯早红结合滁州职业技术学院实践经验,介绍了高职院校为服务地方经济发展,在高端技能型专门人才培养方面的具体方法策略③。

(三)服务地方社会发展路径探讨

于凯生就高职院校服务地方路径进行了探讨,他提出以专业设置为切入口,将地方优势与学校优势相互结合,实现服务地方的目标④。查吉德则从更新教育观念、改善办学条件、建立有效的服务机制和拓宽服务内容四个层面提出了高职院校服务地方的具体路径⑤。陈绪龙等结合实例,提出通过产学研平台服务地方发展,具体包括牵头成立行业协会、技术服务中心、重点实验室、教师驻企工作站和技能大师工作室等多种类型产学研平台⑥。

高职院校服务地方发展这一命题已经得到科研人员的关注,相关研究从服务地方的内涵和促进地方经济发展等方面达成了共识,理论阐述清晰明了。但是,高职院校服务地方具体路径方面的理论研究和实践经验介绍较少,不利于高职院校服务地方具体理论策略的落地实施。近几年高职院校兴起的"政校行企"模式,开启了高职院校服务地方发展的新思路。

二、"政校行企"模式相关研究与实践

《国家中长期教育改革和发展规划纲要(2010—2020 年)》提出"建立健全政府主导、行业指导、企业参与的办学机制,制定促进校企合作办学法规,推进校企合作制度化",明确了政府在教育改革与发展中的主导作用,政府是"政校行企"职教体系的主要推动者和引导者,为高校融入地方、依靠地方、服务地方提

---

① 雷久相.高职教育服务区域经济社会发展研究综述[J].中国职业技术教育,2011(36):54-58.

② 薛亨微.高职服务地方经济发展探索[J].中国高校科技,2015(6):73-74.

③ 冯早红.地方高职院校服务地方经济发展功能探析——以滁州职业技术学院为例[J].佳木斯职业学院学报,2016(4):16-17.

④ 于凯生.探索地方高职院校服务地方的新途径[J].鸡西大学学报,2001(1):10-12.

⑤ 查吉德.地方高职院校社会服务功能的实现策略[J].成人教育,2006(8):57-58.

⑥ 陈绪龙,陈若溪.地方高职院校构建产学研平台服务区域经济发展的探索——以阜阳职业技术学院为例[J].阜阳职业技术学院学报,2016,27(1):53-56.

供了具体路径。高职院校服务地方"政校行企"模式是指政府、高职院校、行业、企业等各方在职教体系构建与发展中以人才培养培训为纽带,充分发挥优势和作用,合理配置资源和要素,共同协作、相互补充、深入融合、充分释放彼此之间的人才、资本、信息、技术等育人要素活力,从而实现四方联动,深度合作,共同育人。政府在"政校行企"协同平台中起着领导作用。政府是指与高职院校专业相关职能部门,它是"政校行企"平台的主要推动者和引导者,主要职能是搭建合作平台,出台有利于平台运行的政策,健全合作体制机制。

(一)相关研究概况

国外"政校行企"模式相对成熟。在发达国家,政府一般通过立法、政策等来保证职业教育的发展质量,规范行业和企业参与职业人才培养培训。例如,日本的许多行业协会与学校合作共同颁发资格证书,德国"双元制"下的行业协会专门设有考试委员会。

国内"政校行企"模式的实践和研究刚刚起步。我国政府及其相关教育主管部门出台了一系列发展职业教育的法律与政策,如《职业教育法》《关于大力推进职业教育改革与发展的决定》《关于大力发展职业教育的决定》等,但这些规范因比较宏观和笼统而缺乏可操作的实施细则,特别是缺乏推动行业企业参与职业教育、支持职业教育的具体引导、保障和约束机制,导致"政校行企"协同育人遭遇了瓶颈。通过中国知网(CNKI)检索,包含"政校行企"关键词的研究论文共有48篇,其中32篇为"政校行企"协同培养专兼职教师[1]、构建学生实习基地[2]、开展继续教育[3]、专业教育设计[4]、深化校企合作[5]、培养创新创业人

① 王娟,胡长效."政行企校"四方联动的高职院校"双师型"教师培养体系构建研究[J].当代职业教育,2015(5):67-69.
② 揭平英."政校行企"实践育人长效机制的实施路径[J].广州职业教育论坛,2014,13(2):48-52.
③ 施红瑜.面向政校行企的高职继续教育"431"模式实践[J].中国职业技术教育,2015(19):50-53.
④ 李宗文.探索高职外贸英语专业的建构主义教学设计——基于"政、校、行、企"协同创新机制[J].成都师范学院学报,2014,30(4):85-90.
⑤ 陆璐.政校行企联动模式下高职院校校企深度合作长效机制研究[J].吉林省教育学院学报(下旬),2015,31(2):11-12.

才①、共建特色专业学院②等相关研究,仅有 16 篇为"政校行企"协同育人服务地方相关模式和意义的研究。对这 16 篇研究文献进行深入梳理,可归纳为三个层面的研究:一是"政校行企"模式实践层面经验介绍,包括东莞职业技术学院③、广西生态工程职业技术学院④、中山职业技术学院⑤等相关院校的案例;二是"政校行企"模式构建依据⑥和意义价值研究⑦;三是"政校行企"模式协同育人机制⑧和办学机制⑨的探索。

(二)相关实践举例

高职院校"政校行企"模式较早在沿海经济发达省市出现,宁波作为副省级市、计划单列市、综合竞争力较强城市,共有高职高专院校 7 所,全日制高职高在校生 5.9 万人⑩,其中宁波职业技术学院和浙江纺织服装职业技术学院较早开展相关探索,分别建成了海天学院(与海天集团合作)和雅戈尔商学院(与雅戈尔集团股份有限公司合办)。宁波卫生职业技术学院和浙江工商职业技术学院则将校企合作服务地方发展模式进一步丰富提升,相继建成了宁波家政学院、宁波老年照护与管理学院和宁波市电子商务学院,形成了成熟的服务地方"政校行企"模式。

---

① 朱冬辉.政校企合作模式下统计专业人才培养模式的改革与实践[J].湖北经济学院学报(人文社会科学版),2012,9(8):76-77,87.

② 蒋新革,蔡勤生,段艳.政校行企协同共建特色专业学院的实践探索[J].广州职业教育论坛,2015,14(1):51-55.

③ 李玮炜,贺定修,苏江."政校行企"职教联盟实践探究[J].装备制造与教育,2014,28(3):23-26.

④ 苏付保,安家成,时祖豪."政校行企社"人才共育体系构建与实践——以广西生态工程职业技术学院为例[J].柳州师专学报,2013,28(2):98-101.

⑤ 肖伟平,潘斌,张继涛.政、行、校、企协同育人创新服务平台建设研究——以中山职业技术学院电梯学院"双平台"建设为例[J].职业,2016(2):23-24.

⑥ 李芹.高职院校"政校行企"协同育人机制构建的依据与影响因素[J].河南科技学院学报,2015(6):5-10.

⑦ 李国兵,贺定修.职业教育政校行企合作模式的现实意义[J].河南科技学院学报,2015(2):4-6.

⑧ 施冰芸."政校行企外"的人才培养模式[J].安顺学院学报,2015,17(3):45-47.

⑨ 张云河,梁幸平.江苏高等职业教育办学机制研究——基于"政行企校"四方联动的视域[J].职业教育(下旬刊),2015(11):10-13.

⑩ 宁波市教育局.宁波市 2019—2020 学年度高等教育基本情况[EB/OL].(2020-05-28)[2020-9-11].http://jyj.ningbo.gov.cn/art/2020/5/28/art_1229166713_1440172.html.

宁波家政学院成立于 2013 年 1 月,是浙江省首家家政学院,实行理事会领导下的办学体制。宁波家政学院理事会由政府部门——宁波市商务委员、高职院校——宁波卫生职业技术学院、行业协会——宁波市家庭服务业协会、企业——宁波市 81890 求助服务中心等单位组成,形成了“政校行企”协同模式,实现了高职院校与地方需求的无缝对接。宁波家政学院在服务地方的过程中,与地方实现了良性互动发展,将成为区域高端家政人才培养、政策规范研发和技术咨询服务的中心。

宁波老年照护与管理学院于 2014 年 5 月成立,是宁波市民政局和宁波卫生职业技术学院牵头组建的校地合作平台。该平台实行理事会领导下的院长负责制,按照理事会章程,在养老服务人才培养培训、技术管理研究、服务评估等方面开展工作。此平台也采用服务地方“政校行企”模式,政府——宁波市民政局、高职院校——宁波卫生职业技术学院、行业协会——宁波市养老服务业促进会、企业——宁波钱湖柏庭养老投资有限公司等 20 余家单位组成了宁波老年照护与管理学院理事会。该平台运行几年来,在养老服务人才培养培训、科学研究和技术服务等方面较好地服务了地方,促进了养老服务宁波特色的形成,缓解了老龄化对区域养老保障系统的冲击,提升了养老机构服务人员的技术能力。

宁波市电子商务学院创办于 2015 年 6 月,宁波电子商务学院实行理事会领导下的院长负责制。理事会成员由宁波市商务委员会主要领导、电商经济创新园区主管领导以及相关院校分管领导、相关电商产业园区负责人以及部分知名电商企业负责人组成,负责宁波电子商务学院重大发展方向的决策、协调和资源投入等重大事项。院长在理事会的领导下,负责拟订宁波电子商务学院总体发展规划,制定具体规章制度和年度工作计划并组织实施,拟订和执行年度经费预算方案,维护学院的合法权益[1]。

综上所述,“政校行企”协同育人平台建设实践及研究已成为高职教育改革实践和研究的热点问题。但是,以“政校行企”模式为切入口,开展高职院校服务地方模式的相关研究存在空白,而相关实践摸索在一些高职院校陆续展开。高职院校服务地方“政校行企”模式不仅丰富了现代职教体系构建模式,而且满足了地方养老服务高职技能人才需求。近年来,随着经济转型升级,高素质技

---

[1]　宁波市电子商务学院[EB/OL].（2016-9-11）[2020-12-31]. http://baike. baidu. com/link? url＝i_JXwFzj4TumYSUpR80Q0PtMM5_hcaHfRIuK7Gp0Pc0XoBNUadYWru NDNMI4drDY4QN3tZbvodQTtbFq_Xx3aa5xD0HEtDfQ5rnz1H1Bdmg8-RWuo8vqozD7VCR 4Ko9lbI3qZ2Gu0vtk5okNPQtSQeoabZFT3rS_veO4ZxdNUSW2RxtYEZuJbCh8KGvlpmb9.

能人才急需,"政校行企"模式有助于高职院校在相关政府职能部门领导下与产业、企业、市场的无缝对接,满足区域经济发展需求。

三、养老服务人才"政校行企"模式存在的问题及对策

高职院校服务地方"政校行企"模式在实践运作过程中,相比传统服务地方方法,展现出了高效、紧密、灵活等优势,促进了高职院校与地方良性助推式循环发展,提升了社会整体效益。但是,高职院校服务地方"政校行企"模式作为新兴事物,还存在一些问题与不足,需要改进完善。

(一)存在的问题

1.合作松散,结合不实

高职院校服务地方"政校行企"模式虽然建成了理事会领导下的平台或特色学院,但在具体运作中以高职院校为主,行业协会和企业参与实际管理工作较少。理事会每年召开一次全体理事会议,对实际工作指导有限,各个理事具有单位和个人双重属性,易于受到外在因素影响,难以全面深入地参与理事会工作。另外,理事会章程对理事个人和理事单位缺乏强制约束力,企业和行业协会参与理事会工作的积极性不高,理事会指导作用有限,不利于服务地方"政校行企"模式的进一步发展。现阶段服务地方"政校行企"体制已形成,具体运行机制有待完善。

2.投入有限,力量不足

高职院校服务地方"政校行企"模式形成的平台或特色学院主要是高职院校投入人、财、物进行建设和管理,相关政府部门以委托或购买服务的形式对平台或特色学院进行扶持和补贴,而企业和行业协会更多的是为寻求可利用资源,实质性投入较少。这些因素导致平台或特色学院工作力量薄弱,现阶段仅发挥了牵头连线的基础性工作,没有激发平台或特色学院协调互动、引导行业发展的作用。

3.利益相悖,供需错位

高职院校服务地方"政校行企"模式包含四类独立个体单位,其承担工作职责、发展目标各不相同。政府部门要服务整个区域社会或某一行业发展进步;高职院校则肩负着人才培养、科学研究、社会服务和文化传承创新等职责;行业协会是区域以同一行业共同的利益为目的,以为同行企业提供各种服务为对象,以政府监督下的自主行为为准则,以非官方机构的民间活动为方式的非营

利的中介组织①,其职责是为同行开展各类服务工作;企业的职责目标则是赚取更多利润,积累资本扩大再生产。职责利益的不同,导致"政校行企"合作中供需错位,发展定位和立足点的不同,使得处于探索阶段的高职院校服务地方"政校行企"模式较难协调各方利益。

(二)应对策略

1.政府主导,出台政策

高等职业教育改革创新是一项系统工程,需要政府进行顶层设计。2014年6月,教育部等六部门联合印发了《现代职业教育体系建设规划(2014—2020年)》,提出要完善校企合作、工学结合的人才培养体系。将产教融合、校企合作、工学结合、知行合一贯穿职业教育教学全过程。该规划给出了改革发展意见策略,但是缺少具体支持政策落地的配套措施,各省市也没有形成相应的实施办法。例如《宁波市人民政府关于加快发展现代职业教育的实施意见》(甬政发〔2016〕3号)虽然提出逐步建立学校、行业、企业和社区等共同参与的学校理事会或董事会,完善治理结构,提升治理能力,但是在涉及的国有资产监管、人事制度安排、收益分配等具体工作方面,缺乏可操作的政策措施。因此,高职院校服务地方"政校行企"模式的推进,需要政府部门给予高职院校在具体工作实施方面的自主权,细化相关政策规定。

2.高校改革,形成实体

传统高职院校侧重于对技能人才培养培训,主动服务地方和联系地方的思想意识薄弱,不利于培养区域社会发展需要的高技能人才。因此,需要高校自身改革思想观念,创新办学模式,与政府相关部门、行业协会和龙头企业进一步深化合作,推动"政校行企"模式建立股份制合作经营,形成民非性质的高职院校服务地方独立法人实体机构。

3.理论引领,加强研究

科学的理论是正确的世界观和方法论,有助于引领实践工作的开展。现阶段,针对高职院校服务地方"政校行企"模式实践探索多于理论研究,缺少相关经验的总结提炼,以及相关模式的比较研究。因此,加强理论研究,探讨"政校行企"合作的利益基础,构建科学发展路径都是服务地方"政校行企"模式深入发展的关键。

---

① 梁上上.论行业协会的反竞争行为[J].法学研究,1998(4):113-123.

　　高职院校服务地方，与地方实现协同发展已成为教育事业发展的必然。"政校行企"模式作为高职院校当前服务地方的一种举措，取得了一定成效，但在理论和实践两个层面都还有待完善，以便更好地促进养老服务人才培养培训。

第八章　宁波养老机构等级评定体系建设

在老年人口数量上升、配套养老床位同步增长的背景下,入住老年人数量明显不足,增长比例不高。为保障促进养老机构规范发展,保障老年人权益,带动更多有需要的老年人选择机构养老,确保国家支持政策落到实处,结合国家推出的《养老机构等级划分与评定》(GB/T 37276—2018),开展规范化养老机构等级评定势在必行。2019 年 12 月,《民政部关于加快建立全国统一养老机构等级评定体系的指导意见》(民发〔2019〕137 号)提出:到 2022 年,全国统一的养老机构等级评定体系基本建立,养老机构服务质量有新提升,公众对养老服务的安全感、满意度进一步提高。2020 年 4 月,《民政部养老服务司关于组织开展养老机构等级评定先行先试工作的通知》要求有条件省、自治区、直辖市、计划单列市等开始试点。在此背景下,根据《养老机构等级划分与评定》(GB/T 37276—2018)要求,结合宁波区域养老机构建设情况,研究构建养老机构等级评定体系成为落实民政部工作要求的重要内容。

第一节　养老机构等级评定体系建设内容

2018 年,《完善促进消费体制机制实施方案(2018—2020 年)》(国办发〔2018〕93 号)提出:"进一步放宽服务消费领域市场准入,取消养老机构设立许可,开展家政服务标准化试点示范建设。"在国家放宽市场准入,以及增加政策资金支持下,2019 年底民政部门机构内床位 467.4 万张(养老机构 438.8 万张),年末抚养人员 231.6 万人①。进行养老机构等级评定体系建设是促进养老

①　中华人民共和国民政部. 2019 年民政事业发展统计公报[EB/OL]. (2020-09-08)[2020-12-04]. http://www.mca.gov.cn/article/sj/tjgb/.

机构服务提质增效的有效措施。

一、养老机构等级评定原则

原则是说话或行事所依据的法则或标准。罗纳德·德沃金（Ronald Myles Dworkin）在"原则论"中提出法律不仅包括规则，还包括原则与政策的观点①。可见原则具有法的属性，是各项工作实施的法理性核心思想。养老机构等级评定过程中要明确老机构等级评定项目原则、评定专家组选聘原则、第三方评估机构选取原则等。

二、养老机构等级评定项目

《养老机构等级划分与评定》（GB/T 37276—2018）从环境、设施设备、运营管理、服务等四个方面设置了交通便捷度、出入院服务、居家上门服务等40个打分项，但是每个打分项扣分、给分依据，以及具体评价指标和结合实际制定的特殊要求等均需要进一步明确。2020年4月，民政部社会福利中心、全国社会福利服务标准化技术委员会联合发布《〈养老机构等级划分与评定〉国家标准实施指南（试行）》，作为开展养老机构等级评定工作的实操性评价工具，对照《养老服务机构等级划分与评定》标准要求，进一步细化量化养老服务标准，提出了易操作、可评价的工作规范。在具体评价过程中，还需要结合区域实际进一步丰富完善，契合地方养老机构发展需要，推动国家标准落地见效。

三、养老机构等级评定组织

近年来，养老机构数量和床位量快速增加，管理运营模式也呈现多样化，既有公办养老机构，也有公司制营利性机构，以及公建民营、民营公助等，但总体上看政府行政部门举办的养老机构仍然占到了近半数。同时，养老机构协会、学会等第三方组织建设仍处于起步阶段。鉴于此，养老机构等级评定组织应由政府民政部门牵头，养老服务指导中心/养老服务协会等第三方机构承担，聘请行业、研究院所、主管部门等领域专家组成评审小组具体开展工作。

四、养老机构等级评定程序

现阶段，国内养老机构等级评定的相关标准均为推荐性标准，是否参与等级评定工作是机构的自愿行为。因此，在评定工作开展过程中，首先应通过宣

---

① 马晓.德沃金的"原则论"诠释[D].济南：山东大学，2009.

传,动员养老机构自愿申请参与评定工作。同时,鉴于养老机构数量多、地域分布广、地方属性明显等因素,养老机构等级评定必须分级开展,四星级以上由省民政厅组织评定,三星级由宁波市民政局组织评定,二星级以下由县(市、区)民政局组织评定。

五、养老机构等级评定管理

随着养老服务业市场化程度提升,养老机构之间竞争、合并、重组等情况势必增加,不仅给养老机构等级评定自身带来诸多挑战,更为获评相应等级的养老机构管理带来一系列问题。首先要科学合理设定复评年限;其次要强化针对各级评定情况的抽查复核工作;再次要充分发挥全社会监督作用,针对存在或出现相关问题的养老机构要及时摘牌并曝光。

第二节　养老机构等级评定体系建设实践

养老机构服务评定建设宏观上采用国家引领监督,微观层面依靠养老机构自身建设为主的方式,表现为国家层面建立灵活引导性的养老机构服务评定办法,落实监督评定机制,养老机构自身加强内部管理和质量体系建设。

一、国外实践概况

西方发达国家有 5％～15％ 的老年人选择养老机构,其中北欧大约为 5％～12％,英国大约为 10％,美国大约为 20％[①]。发达国家经济基础雄厚,老龄化社会持续时间久,社会保障较完善,社会养老服务体系较成熟,养老机构入住率高,对养老机构服务等级评定积累了丰富的理论和实践经验。

(一)英国侧重政府引导,强化对养老机构服务评定

英国的养老服务业国家标准目前共发布实施了三项相关标准,分别是 BS 4467:1991《考虑老年人的住宅设计指南》《标准制定考虑老年人及残疾人的需求》(PD ISO/IEC Guide 71:2001)、《老年人家庭看护质量》(BIP 2072—2005)。英国政府对于养老服务提供机构的服务质量控制和监督管理主要依照由英国财政部等颁布的家庭生活标准、居家服务机构指南、老年居家服务标准指南、残

---

① 朱仁义.规范养老机构消毒工作 我国将出台首个养老机构消毒卫生标准[J].中国卫生标准管理,2011,2(3):63-69.

疾人居家服务标准指南、健康技术备忘录等规范性文件进行,内容主要涉及服务质量(包括护理质量、生活质量等)、服务机构要求(包括场所、环境、设施设备)、针对养老机构的评估规范(包括评估流程、评估内容、评估人员要求)等方面。

(二)美国运用市场调节,完善养老机构服务等级评定建设

美国卫生部医疗保险和医疗救助中心发布实施了两项养老服务标准,分别规定了养老服务的传统和新兴评价指标。养老机构实行准入及标准化报告制度,用于获取顾客满意度、评价和检测照料机构的服务质量,以此作为对养老机构监督检查的手段和依据。同时对养老机构开展星级评估,评估内容主要包括服务质量管理、从业人员、老年人健康检查等方面,根据评估结果对养老机构评等定级,作为消费者选择养老机构的依据之一。经过长期的经验积累,美国各养老机构都制订了各自的服务标准,涉及服务流程、服务规范、服务技术、设备设施和质量监控等方面的要求。

(三)德国依法建立服务评定规范,层层监督落实

德国中央长期照料社会保险基金联合会和联邦长期照料服务机构联合会根据法律共同制定了养老服务的原则和标准,对服务质量、质量担保及措施、机构内服务质量管理制度等给出具体规定。德国各州均建立了养老院护理质量监督机构,负责监督养老机构的服务质量。

(四)澳大利亚从质量入手,细化养老机构服务评定

澳大利亚由健康与老年部指定老年服务标准和认证代理有限公司(Aged Care Standards and Accreditation Agency Ltd.)专门从事养老机构资格认证的工作。该机构围绕管理体系、人员配置、组织发展等方面,根据健康和人员服务、老年人的居住生活方式、实际环境和安全系统 4 项标准共 44 项要求对养老机构进行质量认证。

(五)日本政府统一制订养老服务评定标准,强调评定可操作性

日本的养老服务业标准具有极高的全国统一性,在养老服务业标准化建设工作方面共发布实施了 29 项国家标准。日本主要实施由厚生省老人保健福祉局制订的养老服务评定标准,涉及日常生活服务、特殊服务、其他服务、与相关业务单位的协作、设施设备与环境五方面内容,根据这五方面设定各种问题,组成服务评定项目。

二、国内实践概况

国内先后有北京、上海、青岛、杭州、宁波、湖北、安徽、内蒙古、黑龙江、台湾和香港等地开展了养老机构等级评定工作,丰富了我国养老机构等级评定领域的理论和现实经验。

(一)北京出台机构评星标准

为了鼓励养老机构提升护理服务水平,北京市于 2011 年出台了从一星到五星养老机构的评分政策。评星标准几乎涵盖了养老机构可能涉及的所有硬件建设和软件服务,可谓是标准化服务的"集大成者"。各种项目、指标都需要打分,加起来将近 2000 分。政府出台的评星标准还只是一条底线,各养老机构依据自身情况在此基础上加码、细化,使服务不断精准。

(二)上海加强评定及监督管理

上海市研究制定市级建设财力补助的民办养老机构的产权归属、收费标准和属性监管等办法,明确要求养老机构从规范化、制度化入手,以让老年人满意为最高目标。根据住养老人的生活自理能力和护理等级规范,科学地实施分级护理、分类管理,严格按照服务标准,为老年人提供舒适、到位的服务。养老机构要按照法规规定的基本条件和基本标准,认真做好养老机构的设置、执业申请,对未按规定申报或验收不合格擅自开业的养老机构,有关部门一律予以限期撤销。

(三)杭州/宁波实行等级评定与划分规范

2014 年,杭州市民政局牵头,杭州市养老服务指导中心、杭州市社会福利协会起草的《养老机构等级评定与划分》(DB3301/T 0035—2014)发布实施。该规范对养老机构等级评定内容、组织、原则和管理等方面,都做出了详细规定,强化了评定的实操性和科学性。同年,宁波市颁布了《养老机构等级划分规范》(DB3302/T 1065—2014)与《养老机构服务规范》(DB3302/T 1064—2014),2016 年宁波市民政局下发《宁波市养老机构等级评定管理办法》,并开展了养老机构等级评定工作。

(四)香港建立第三方评定机制

香港私营养老机构评估主要通过政府资金支持,香港老年学会推行香港安老院舍评审制度先导计划来落实。该计划制定专为评估安老院舍服务质量的标准,推动持续质量改善的理念及发展优质安老院舍服务①。

(五)台湾运用评定与奖励结合机制

台湾《老人福利机构评鉴及奖励办法》则由各级政府职能部门依据评定细则,对养老机构进行优、甲、乙、丙、丁五个层级的划分。台湾 2013 年度老人福利机构评定包括行政组织及经营者、生活照顾及专业服务、环境设施及安全维护、权益保障、改进创新等五方面,共 103 个具体考核项目。

综上国内外实践情况,发达国家养老机构服务评定建设宏观上采用国家引领监督,微观层面依靠养老机构自身建设为主的方式,表现为国家层面建立灵活引导性的养老机构服务评定办法,落实监督评定机制,养老机构自身加强内涵管理和质量体系建设。而我国养老机构等级评定已成为支撑养老服务业发展的重要组成部分,从政府职能部门、养老机构自身,到第三方研究评定机构都参与了评定制定、实施和完善的相关研究和实践工作。

第三节　养老机构等级评定体系建设理论

养老机构等级评定体系建设涉及行政主管、养老机构、老年人等利益相关主体,包含评价项目制定、组织实施、跟踪管理等程序,构建由评定"原则、项目、组织、程序、管理"组成的体系,需要立足于利益相关者、非零和博弈、第三方评估等理论②。

(一)利益相关者理论

20 世纪 60 年代,利益相关者理论由斯坦福研究院(Stanford Research Institute)的学者首次命名并给出定义,得到了众多学科,如管理学、企业伦理学、法学和社会学等学者的关注,并在理论研究和实证检验方面取得很大发展。它的发展是一个从利益相关者影响到利益相关者参与的过程,这其中经历了三个阶段。

1.理论的提出

"利益相关者"这一词最早被提出可以追溯到 1929 年,通用电气公司一位

---

① 梁万福.香港安老院舍评审计划五年检讨报告书(2005—2010)[M].香港:香港老年学会,2012.

② 孙晓.利益相关者理论综述[J].经济研究导刊,2009(2):10-11.

经理的就职演说中使用了"利益相关者"。此后的数十年,对利益相关者的研究并没有一个明确的概念。伊迪丝·彭罗斯(Edith Penrose)在 1959 年出版的《企业成长理论》中提出了"企业是人力资产和人际关系的集合"的观念①,从而为利益相关者理论构建奠定了基石。直到 1963 年,斯坦福大学研究院才明确地提出了利益相关者的定义:"利益相关者是这样一些团体,没有其支持,组织就不可能生存。"这个定义是不全面的,它只考虑到利益相关者对企业单方面的影响,并且利益相关者的范围仅限于影响企业生存的一小部分。但是,它让人们认识到,除了股东以外,企业周围还存在其他的一些影响其生存的群体。随后,瑞安曼(Eric Rhenman)提出了比较全面的定义:"利益相关者依靠企业来实现其个人目标,而企业也依靠他们来维持生存。"这一定义使得利益相关者理论成为一个独立的理论分支。

2.理论的扩展

20 世纪 60 年代至 80 年代,对利益相关者的定义达三十多种,学者们从不同的角度对利益相关者进行定义。以弗里曼(Freeman)的观点最具代表性,他在《战略管理:一种利益相关者的方法》一书②中提出:"利益相关者是能够影响一个组织目标的实现,或者受到一个组织实现其目标过程影响的所有个体和群体。"弗里曼的定义,大大丰富了利益相关者的内容,使其更加完善。显然,弗里曼界定的是广义上的利益相关者,不仅将影响企业目标的个人和群体视为利益相关者,同时还将企业目标实现过程中受影响的个人和群体也看作利益相关者,正式将社区、政府、环境保护主义者等实体纳入利益相关者管理的研究范畴,大大扩展了利益相关者的内涵。然而,采用这种广义的利益相关者界定方法,在实证研究和应用推广时几乎寸步难行,也无法得出令人信服的结论。

3.理论的演变

20 世纪 90 年代以来,众多经济学家通过不同视角,对利益相关者理论进行了拓展阐释,主要代表有以下几位。

克拉克森(Clarkson)认为,企业的目标是为所有利益相关者创造财富和价值,企业是由利益相关者组成的系统,它与为企业活动提供法律和市场基础的社会大系统一起运作。根据相关群体在企业经营活动中承担风险方式的差异,可将利益相关者区分为主动的利相关者(positive stakeholders)和被动的利益

---

① 伊迪丝·彭罗斯.企业成长理论[M].赵晓,译.上海:上海人民出版社,2007.
② 弗里曼.战略管理:一种利益相关者的方法[M].王彦华,梁豪,译.上海:上海译文出版社,2006.

相关(passive stakeholders)。前者是"那些向企业投入了专用性人力资本或非人力资本从而承担了企业某种形式风险的人或群体",后者是"由于企业的行为而使之处于风险之中的人或群体"。克拉克森认为的主动利益相关者实际上是对利益相关者狭义上的界定,这一定义关键在于对企业拥有合法要求权的人或群体与其他利益相关者进行了区分,从而使狭义上的利益相关者有了一个比较确定的范围。

米歇尔(Mitchell)在考察了 27 种之多的利益相关者定义后认为,作为利益相关者必须具备三个条件:①影响力,即某一群体是否拥有影响企业决策的地位、能力和相应的手段;②合法性,即某一群体是否被法律和道义上赋有对企业拥有的索取权;③紧迫性,即某一群体的要求能否立即引起企业管理层的关注。基于这三个特征的不同组合产生不同类型的利益相关者,显然这一界定对利益相关者的权重大小进行细分具有十分重要的意义。

斯塔里克(Starik)从动态角度考察,提出了潜在利益相关者的概念,即可能对企业目标实现产生影响或反过来可能被其影响的个人或群体。潜在利益相关者的概念,实际上把利益相关者界定放在了企业动态运营过程中,潜在利益相关者在企业发展的某个阶段往往会转化为现实利益相关者。

利益相关者利益最大化已是社会经济发展的必然选择。为适应养老机构多样化发展,全面关照政府部门、机构举办者、入住老年人、老年人亲属等主体,在制定政策制度过程中,需要根据利益相关者理论全面分析问题,确保养老服务业健康发展。

(二)非零和博弈理论

非零和博弈是一种合作下的博弈,博弈中各方的收益或损失的总和不是零值,它是博弈论中重要的一种类型。博弈论是指研究多个个体或团队之间在特定条件制约下的对局中利用相关方的策略,而实施对应策略的学科。有时也称为对策论,或者赛局理论,是研究具有斗争或竞争性质现象的理论和方法,它是应用数学的一个分支,既是现代数学的一个新分支,也是运筹学的一个重要学科。目前在管理学中也有广泛的应用。主要研究公式化了的激励结构(游戏或者博弈)间的相互作用。

1.理论基础

博弈论思想古已有之,我国古代的《孙子兵法》就不仅是一部军事著作,而且算是最早的一部博弈论专著。人们对博弈局势的把握只停留在经验上,没有向理论化发展,正式发展成一门学科则是在 20 世纪初。对于博弈论的研究,开始于策墨洛(Zermelo)、波雷尔(Borel)及冯·诺伊曼(von Neumann,),后来由冯·诺伊曼和奥斯卡·摩根斯坦(von Neumann and Oskar Morgenstern)首次对其系统化和形式化。随后约翰·福布斯·纳什(John Forbes Nash Jr.)利用不动点定理证明了均衡点的存在,为博弈论的一般化奠定了坚实的基础。

2.理论应用

非零和博弈既有可能是正和博弈,也有可能是负和博弈。正和博弈——指博弈双方的利益都有所增加,或者至少是一方的利益有增加,而另一方的利益不受损害,因而整体的利益有所增加;负和博弈——双方都有损失。美国时代周刊著名撰稿人罗伯特·赖特(Robert Wright)在其名著《非零和年代——人类命运的逻辑》中,提出人类命运的昌盛必然要懂得从零和年代走向非零和年代。① 在养老服务领域,竞争是市场经济的核心行为,竞争无处不在,关键是怎样去面对竞争和参与竞争。养老服务机构之间、养老机构与老年人、养老机构与监管部门等众多利益相关体的竞争并非零和游戏,而是在竞争中合作,在合作中竞争。通过博弈促使养老机构不断地在服务、经营、管理等方面完善自身,监管部门优化管理措施,提升服务效能,老年人获得更优质实惠的服务项目。养老机构之间应该通过建立竞争和合作关系,靠服务老龄化社会共同做大养老服务产业蛋糕,实现双赢、多赢。一个公平、公正、有效、有序的博弈环境,不但有助于养老服务行业的可持续发展,而且对整个老龄社会的和谐发展也将产生重要的促进作用。

(三)第三方评估理论

"第三方"这一概念率先由美国学者莱维恩教授提出。莱维恩指出,组织不仅只有公共组织和私人组织两种类型,还存在独立于公共部门和私人企业之外的其他组织,这类组织被称为第三方。西方学者对"第三方评估"的研究是从第三方参与政府绩效评估开始的,20世纪70年代,政府威信力下降、经济停滞、财政危机以及公众对政府满意度低等问题愈演愈烈,西方发达国家为重塑政府良好形象,进一步推进政府改革运动,公共管理学者开始关注政府绩效研究,第三方评估也逐渐被政府重视起来②。

---

① 罗伯特·赖特.非零和年代——人类命运的逻辑[M].李淑珺,译.上海:上海人民出版社,2003.

② 徐双敏,李跃.基于利益相关者理论的政府绩效第三方评估主体分析[A].中国行政管理学会.中国行政管理学会2010年会暨"政府管理创新"研讨会论文集[C].中国行政管理学会:中国行政管理学会,2010:7.

1.西方国家实践

从西方国家进行"第三方评估"的实践看,所谓"第三方"是指处于第一方(被评对象)和第二方(其服务对象)之外的一方。第三方由于与"第一方""第二方"既不具有行政隶属关系,也不具有其他经济利益关系,所以通常也被称为"独立第三方"。西方国家的"第三方评估",主要是指由"第三方"组织实施全部工作的评估,这些工作包括:建立指标体系、确定评价标准和权重、组织评估,以及最后取得评估数据,公布评估结果。

2.中国理论转化

在界定"第三方"和"第三方评估"时,中国学者的观点各不相同。比如,有的学者认为,政府是第一方,普通公众是第二方,不同于这两方的就是第三方,它们一般是独立的专业性机构。还有的学者认为,被评的政府部门是第一方,被评部门的上级是第二方,而第三方则是指独立于政府及其上级部门之外的评价组织,这种评价组织通常包括独立第三方和委托第三方。另外还有学者认为,区别于由政策制定者和政策执行者的一方,就是第三方。第三方既包括受行政机构委托的研究机构、专业评估组织,也包括舆论界、社会组织和公众,特别是利益相关者等。尽管有这些分歧,但是他们都认为,由于"第三方"不是由政府工作人员组成的,所以"第三方评估"区别于政府机构的"内部评估",属于"外部评估"。鉴于中国的特殊国情,中国学者在使用"第三方评估"这个概念时,并没有强调"第三方"对全部评估工作的主持,强调的是"第三方"对评估工作的参与,即有非政府人员参与评价政府工作。

3.中国实践应用

中国实践中的"第三方"形式可以主要归纳为四种:第一种是专家学者第三方,就是接受地方政府委托评估工作的高校专家学者。第二种是专业公司/社会组织第三方,就是由专业的商业运作的评估组织作为"第三方"评估工作。第三种是社会代表第三方,主要是指各项工作中的评议代表。第四种是普通民众第三方,这是指随机或自由参与评议工作的普通民众构成的第三方。

综合以上观点,第三方评估是指由独立的第三方主体,按照既定的评估指标,通过发放问卷、抽样访谈、审阅资料、现场核验等方式,对政府部门工作绩效和服务效果进行评价的一系列活动。养老机构的评估具有较强专业性,既需要专家学者参与,也需要具有权威性社会组织或单位具体承担,保障养老机构评价的客观、公正。

第四节　养老机构等级评定体系建设策略

一、养老机构等级评定原则建议

(一)评定项目的制定原则

《养老机构等级划分与评定》(GB/T 37276—2018)和地方各省市制订的地方标准均依据国家有关法律、法规、政策的要求,遵照养老服务工作的内部规律,对养老机构等级区分进行了框架性界定,对于具体评定项目还需要在实施细则中进一步明确。这些具体细则制定必须遵循以下原则:

1. 科学性

实施细则编制的逻辑架构及内容符合养老服务工作的内部规律。实施细则中的量化指标都查有依据,或者经过充分的研讨和论证。

2. 先进性

实施细则对不同星级养老机构的规模、机构内环境、绿地面积、设施设备、人员及人员配备、服务和养老机构效绩等要求相对提高,养老机构经过一定努力后方可达到要求。

3. 适用性

实施细则编制中充分考虑到区域的地方特色以及养老机构建设现状。

4. 可操作性

实施细则对各星级养老机构的基本条件和必备条件都进行了量化,描述准确、通俗易懂,使人一目了然,便于对照执行。

(二)评定专家组选聘原则

评定专家的选取直接影响养老机构等级评定工作的开展,需要形成专家管理办法,在选聘过程中可以参考以下原则:

(1)选聘工作坚持公开、平等、竞争、择优和德才兼备原则,立足本地。

(2)选聘实行统一标准、管用分离、随机抽取的管理原则。

(3)宁波市民政局、县(市、区)民政局负责建设本地区评审专家库并实行动态管理,与省民政厅评审专家库互联互通、资源共享。

（4）参选专家具有良好的职业道德,廉洁自律,遵纪守法,无行贿、受贿、欺诈等不良信用记录。

养老服务机构等级评定委员会专家管理办法(样稿)

为保证养老服务机构等级评定工作的顺利开展,确保评定质量,建设和管理好等级评定专家队伍,根据养老服务机构等级评定工作提出的要求,制定本办法。养老服务机构等级评定委员会作为组织方,负责候选人申报、核准、专家及专家库的管理等工作。

一、资质及产生方式

（一）具有良好的职业道德和较高的业务素质,在评定工作中能够做到实事求是,客观公正,秉公办事,不谋私利。

（二）熟悉养老服务工作,具有较丰富的行业管理经验,了解等级评定工作中相关国家、行业和地方法律法规和标准等。

（三）具备大专以上学历,中级以上技术职称,或相应行政职务,从事相关专业工作3年以上,具有一定的组织管理和综合评审能力,且通过养老服务机构等级评定专业知识培训与考核。

（四）本人自愿参加养老服务机构等级评定工作,接受管理和监督。

（五）具有较强的分析、研究能力,有一定的协调组织能力和口头、文字表达能力。

（六）无违法违纪等不良记录。

（七）专家候选人主要采取单位推荐的方式产生。

二、申请信息

（一）教育背景及工作简历。

（二）学历、学位及专业资格证书。

（三）工作和成就简况,包括学术论文、科研成果等。

（四）证明本人身份的有效证件。

（五）本人所在单位或专业学会(协会)出具的推荐意见。

三、专家权利

在等级评定工作中,专家享有以下权利:

（一）对参评机构相关情况的知情权,可查阅与评定工作相关的各类相关材料。

（二）在对养老机构等级评定过程中,不受任何单位或个人干扰,全面展示个人意见。

（三）对评定独立行使投票表决权。

（四）可要求专家组在评定结论中记录个人不同意见。

（五）在出具书面理由情况下,可拒绝在评定专家组结论上签字。

（六）根据相关规定获得劳务报酬。

（七）相关法律法规规定的其他权利。

四、专家义务

在等级评定工作中,专家应承担下列义务:

（一）给出公平、客观、具体的评定意见,并负全责。

（二）不能擅自向任何单位或个人透漏评定工作中的内容,不能泄露参评养老机构要求保密事项,并承担相关法律责任。

（三）对评定工作中的违规行为,应主动向评定委员会或民政相关部门反映情况。

（四）对涉及自身利害关系的评定养老机构,应主动提出回避。

（五）按照规定参加评定委员会组织的各类培训学习活动,以及委员会布置的其他相关工作,并接受评定委员会和政府职能部门的监督管理。

（六）承担养老机构登记评定工作涉及相关法律法规的相关义务。

五、专家聘用

（一）组织方根据评定工作需要,在专家库中选取相关专家从事和参加评审与咨询活动。专家选取应遵循随机性、权威性和回避性的原则。

（二）专家选取及确定的结果应作相应记录并备案。

（三）专家库要根据实际需要随时增补,并向社会公布。

六、专家监管

组织方对评定专家实行动态管理,主要工作包括:

（一）监督专家在从事和参加评定工作活动中,是否遵循公平、公正、客观的原则。

（二）在评定或咨询活动中及时发现问题,并进行协调。

（三）考查和评价专家在评定工作活动中,所作评定意见的质量水平、工作态度和义务履行情况等。

（四）对专家管理工作持续改进。

（五）对于在评审活动过程中有违规行为的专家,视情况予以处理;专家违反本办法,情节严重的,经核实无误,由组织方从专家库中予以除名。

（三）第三方评估机构选取原则

第三方评估机构是指与政策制定民政部门及养老机构评估事项无利害关系,且具备相应评估能力的实体性咨询研究机构,包括政府决策咨询及评估机

构、高等院校、科研院所、专业咨询公司、律师事务所及其他社会组织等。选取养老机构等级评估第三方评估机构建议遵循以下原则:

(1)遵守国家法律法规和行业相关规定,组织机构健全、内部管理规范。

(2)在组织机构、人员构成、经费来源上独立于养老服务政策制定民政部门。

(3)在卫生健康服务、养老服务、公共政策等领域具有一定的影响力,拥有专业的研究团队,具备评估所需的理论研究、数据收集分析和决策咨询能力。

(4)与所评估的养老机构等级评估政策措施及其他事项无利害关系。

(5)能够承担民事责任,社会信誉良好。

二、养老机构等级评定项目建议

2020 年 4 月,民政部社会福利中心、全国社会福利服务标准化技术委员会联合发布《〈养老机构等级划分与评定〉国家标准实施指南(试行)》。该指南作为开展养老机构等级评定工作的实操性评价工具,分为环境、设施设备、运营管理和服务四个部分,对照《养老服务机构等级划分与评定》(GB/T 37276—2018)标准要求,进一步细化量化养老服务标准,提出了易操作、可评价的工作规范。等级评定总分为 1000 分,其中环境 120 分,设施设备 130 分,运营管理150 分,服务 600 分。同年 12 月,浙江省民政厅根据《养老机构管理办法》《养老机构等级划分与评定》(GB/T 37276—2018),以及《〈养老机构等级划分与评定〉国家标准实施指南(试行)》,发布了《浙江省养老机构等级评定管理办法》和《浙江省养老机构等级评定工作实施细则》,对养老机构等级评定的自愿申报、组织评定、确定等级并向社会公示、做出等级评定结论、颁发等级牌匾的过程进行了详细限定,并将评定细则分为基础指标和创新指标两部分,其中基础指标包含 4 个二级指标,分别为环境指标(分值 100 分),设施设备指标(分值 115分),运营管理指标(分值 135 分),服务指标(分值 550 分);创新指标包含 5 个二级指标共 100 分,分别为党建品牌(分值 25 分),智慧养老(分值 25 分),康养建设(分值 20 分),护理员获得奖励(分值 20 分),其他创新举措(分值 10 分),等级评定总分为 1000 分。

通过对比《〈养老机构等级划分与评定〉国家标准实施指南(试行)》和《浙江省养老机构等级评定工作实施细则》,浙江省在国家标准基础上,对环境、设施设备、运营管理、服务等指标分值分别下调了 20、15、15、50 分,增加了创新指标(100 分),在具体评定项目上不仅包含了国家标准的所有项目,而且结合浙江省养老机构建设发展情况凸显了对于党建工作、康养服务、养老护理员队伍建设的考核,并将智慧养老信息化系统建设纳入考核,推动智慧养老的发展。这些指标契合浙江省需求,也可在全国其他省市推广。

三、养老机构等级评定组织建议

养老机构等级评定组织应由政府民政部门牵头,养老服务指导中心/养老服务协会等第三方机构承担,聘请行业、研究院所、主管部门等领域专家组成评审小组具体开展工作。

(一)等级评定权责逐级下放

鉴于养老机构数量多、地域分布广、地方属性明显等因素,养老机构等级评定必须分级开展,四星级以上由省民政厅组织评定,三星级由宁波市民政局组织评定,二星级以下由县(市、区)民政局组织评定。

(二)培育发挥第三方机构作用

在大力推进社会组织发展的大背景下,养老机构经过多年的建设已经取得一定成就,养老服务领域成立了部分社会服务组织,但是相关专业社会工作服务机构无论在数量还是规模上还有待快速发展,迫切需要通过评估需求的促动,培育引领第三方机构发展。同时保障等级评定工作的客观性、公正性。

(三)组建养老等级评定专家库

养老机构等级评定涉及业务管理、硬件配置、服务开展,以及发展引领和理论拓展等多方面,评估专家需要整合政府、高校、社会等力量和资源,形成专家库,为第三方机构提供智力支撑。

四、养老机构等级评定程序建议

根据养老机构申请情况,具体开展等级评定是工作的核心内容,省、市、县(区)各级评定均可按照评定准备、实地评定和评定总结三个步骤来开展。

(一)评定准备

在等级评定承担机构牵头下,评估专家组召开工作会议,明确评估工作的具体时间安排、拟定《关于开展申报×××星级养老服务机构实地考察评审工作的通知》、研读相关评估办法、细化评估工作模块,并且选取 2 至 3 家养老机构为参照对象,进行模拟评估,为评估工作的开展做好充分准备。

(二)实地评定

根据《关于开展申报 AAA 级养老服务机构实地考察评审工作的通知》规定,专家组对养老机构进行实地考察评审。评估过程中,专家组可通过听取参评单位基本情况介绍,可按照环境、设施设备、运营管理、服务、创新项目指标分组评审。专家组要对参评养老机构的基础指标和创新指标进行全面、细致评定,并现场记录打分,详细描述扣分原因。

(三)评定总结

实地考察评审工作结束后,专家组召开评估总结会议,对各参评机构评分情况进行论证、讨论,详细描述和汇总各机构存在的问题,并最终形成一致意见,给出具体评分结果,形成评估报告。

养老机构等级评定报告(样稿)

2021 年××月××日,受×××委托,以×××为组长的评价专家组一行 5 人,对×××等级建设情况进行了评价。现就评价情况反馈如下。

1.服务质量较大提升,基本达标

根据《养老机构服务规范》、机构各类服务管理相关规定,综合比照养老服务具体开展情况,在服务质量各方面都有了改进提升,结合对老年人服务满意度调查,认为机构的服务质量基本符合要求。

2.软硬件建设有短板,须再完善

第一,建筑物外环境须综合整治,例如水渠护栏有缺损,台阶磨碎严重,无安全警示标志,存在安全隐患。

第二,建筑物内环境布局不合理,例如托老部床位过度集中,影响采光、通风和轮椅等设备出入,新投入使用护理区卫生间未按照无障碍标准要求设计。

第三,平均设床使用面积未达标。

第四,护理型床位占比不足 50%。

第五,园区内公共区域有垃圾乱放情况。

第六,公共厕所紧急呼叫铃未全覆盖。

第七,核心专业技术人员数量不足,例如医生、护士、康复治疗师、社工、消防安全员等在数量上都不符合要求,制约了服务质量的提升。

第八,服务档案资料规范度有待提升,例如做的老年人满意度调研数据无统计学意义,未能较好反映老年人需求,失能失智老年人约束服务记录中未列入拒绝接受约束服务老年人信息,老年人能力评估内容可以与日常查房记录结合,减少工作和记录的反复重叠。

第九,服务人员服务老人实操情况需按照标准严格执行,例如糖尿病老年人个性化食谱缺失。

3.凝心聚力改革创新,品牌塑造

第一,全面整治园区环境,对无障碍设施按照标准进行改造,增加护理型床位数量,规范轮椅等设备的使用。

第二,合理配置行政管理和专业技术人员,支持现有员工考取资格证书,提升专业技术人员服务能力。

第三,强化医疗/康复护理工作服务,严格按照规定进行服务,对档案资料进行规范提升,完善生活照料和膳食服务细节,重视老年人心理服务,按照规定开展心理健康工作。

×××开园十余年,属于老牌养老服务机构,有深厚历史文化积淀。但是社会经济发展对养老服务质量,以及软硬件环境都提出了新的要求,需要在思想上突破惯性思维,不断改革创新,调研50后,甚至60后老年人需求,逐步实现质变。

五、养老机构等级评定管理建议

养老机构等级评定是一项动态工作,不仅考察评定前的相关指标,还需要根据被评机构发展服务情况做好跟踪、监督、复核、复评等管理工作。

(一)科学设定复评年限

受养老服务产业发展、相关政策出台实施,以及机构自身建设发展的影响,养老机构等级建设情况必然出现较大变动;同时为了督促养老机构保持和提升服务质量,也需要开展复评工作。《浙江省医院评审办法》(浙卫发〔2019〕54号)规定,医院评审以5年为一个评审周期,实行动态管理[①]。国内上海、北京、青岛、大连、宁波等城市将居家养老机构等级复评周期定为5年。但是多数城市将养老机构等级评审以3年为一个评审周期。鉴于多数养老机构建设发展处于起步阶段,充分发挥以评促建,强化监督,将复评周期定为3年较为科学。

---

① 浙江省卫生健康委员会,浙江省卫生健康委关于印发浙江省医院评审办法的通知〔EB/OL〕.（2019-11-15）〔2020-12-12〕. https://wsjkw. zj. gov. cn/art/2019/11/15/art_1229123408_857106. html.

（二）强化抽查复核工作

养老机构等级评估采用分级负责制，在各自评审过程中难免出现一定漏洞。可以通过县区之间、地级市之间，以及省份之间开展抽查复核形式，既可以查找漏洞，也可加强区域之间交流学习借鉴，促进养老机构整体发展提升。

（三）发挥社会监督作用

养老机构为老年人提供的各项服务存在即时性特点，受管理人员、一线护理员等主观因素影响较大。同时等级评估主要以当下和以往服务开展情况推断将来的服务是否符合等级要求。这就需要引入老年人、老年人家属、社会媒体等其他相关方参与养老机构服务情况的监督，等级评定主管部门要关注已授牌养老机构实际运营情况，对发生重大安全责任事故或者存在可能危及人身伤亡或财产安全重大风险隐患的；经查实存在欺老虐老行为的；存在严重失信行为，被实施联合惩戒或者被列入养老服务市场失信联合惩戒对象名单管理的；其他违反法律法规规定情形的机构做出降低评定等级的处理，情节严重的，撤销评定等级，并收回牌匾和证书。

第九章 宁波健康养老展望

近年来,宁波作为长三角南翼经济中心,浙江"双城记"和"一体两翼"发展格局中的"一城一翼",社会经济保持了中高速增长,中高端人才流入数量全国领先[①]。"十四五"时期将是宁波积极应对人口老龄化的重要战略机会窗口期,需要准确把握健康养老面临的新形势,切实转变战略理念,立足宁波养老服务业发展实际情况,在养老服务设施改造升级、养老服务标准化建设、购买养老服务绩效评价等方面谋划积极应对的各项战略对策,不断开拓宁波健康养老的新格局、新局面,为解决老龄化问题贡献宁波智慧和宁波方案,争当浙江建设"重要窗口"的模范生。

第一节 "十四五"时期健康养老的挑战和机遇

《宁波市"十四五"期间民生需求调查》显示人民群众在最关心并期待政府解决的 16 大领域中养老选择比例为 49.9%,位居第三。对"十四五"期间在养老方面最关心并期待政府解决的问题中,选择"农民养老金太低,标准上调慢"人群比例最高,为 44.1%;其次是选择"空巢老人、农村留守老人缺乏关爱"和"养老机构收费偏高、配套设施差",比例分别为 28.2% 和 26.1%,养老需求期盼基本集中在农村老年人群的生活收入和保障,以及专业养老机构的费用、设

---

① 浙江新闻,浙江人才集聚报告出炉 宁波中高端人才流入稳居全国第二[EB/OL].(2019-09-01)[2020-12-2]. http://news. eastday. com/eastday/13news/auto/news/society/20190901/u7ai8788652.html.

施等方面,需要政府加大关注力度①。人民群众的需求折射出老龄化社会新特征,也蕴含着健康养老的挑战与机遇。

(一)宁波老龄化社会发展进入新阶段,呈现新特征

1.老年人口由快速增长转为高速增长②

"十四五"时期宁波 60 岁以上老年人口将达到 200 万人,2020 年至 2022 年处于快速增长期,增长速度相对稳定;2023 年开始进入老年人口高速增长时期,并将持续到 2035 年。老年人口年均净增长超过 40 万人,老龄化年均增速接近1%,超过"十三五"时期。

2.第一代独生子女父母迈入老年

20 世纪 70 年代,国家实施计划生育政策,1976 年至 1986 年出现第一批独生子女人口。这一批独生子女父母将在"十四五"期间集中迈入老年,会导致老年人家庭空巢化、独居化、小型化、少子化态势继续深入发展。这一批老年人将面临上有高龄父母需要照顾、下有孙子女需要照看的"代际向上照护""代际向下帮带"的双重负担③,迫切需要社会化养老服务的支撑。

3.老龄化区域分布呈现新特征

受持续加速城镇化影响,"十四五"期间,宁波农村户籍老年人数量增加不多,但占比将持续提升,并明显高于城镇户籍老年人。在户籍老年人口总量及占比持续上升的同时,宁波区域常住人口老龄化将放缓。部分人口净流出的农村,将率先经历人口负增长和人口急速老龄化叠加。宁波镇海、海曙等老城区将面临老年人口高度聚集、过度老龄化与"城市病"叠加的新问题。

4.老龄问题呈现新特点

由《宁波市"十四五"期间民生需求调查》结果分析,宁波老龄问题已呈现由个体、家庭的问题向群体、社会问题转变,由隐性、缓慢发展向显性、加速发展转变,由相对单一的社会领域问题向经济、政治、社会、文化等多领域问题转变。在接下来的一段时期内,老年人口高速增长,将使宁波经济社会发展各领域急

① 宁波市发展和改革委员会:"十四五"民生需求调查报告出炉[EB/OL].(2021-02-02)[2021-02-12].http://fgw.ningbo.gov.cn/art/2021/2/2/art_1229020626_58926812.html.
② 周国明,贾让成.机构养老的宁波模式[M].杭州:浙江大学出版社,2016.
③ 李志宏."十四五"时期积极应对人口老龄化的形势及国家战略对策[J].老龄科学研究,2020,8(8):3-21.

剧承压,也使其带来的各类风险和矛盾的关联性增强,呈现出集聚性、复合性、共振性特点。

(二)宁波人口老龄化的内外部环境错综复杂

1.面临的挑战

(1)经济增长不稳定因素增加

"十四五"时期宁波经济发展面临着全新的外部环境,新冠肺炎疫情冲击叠加中美经贸摩擦,不确定性和不稳定性显著增加。同时,宁波在"十四五"时期可能提前迎来人口峰值和负增长,人口红利趋于消失;世界经济还将持续低迷,加上疫情和大国博弈等因素,外需对宁波经济拉动将作用持续减弱;以国内大循环为主体、国内国际双循环相互促进的新发展格局加快构建,中心城市和城市群枢纽作用持续增强,区域合作与竞争格局加速变化。在此背景下,增加老年人公共服务和产品供给的财力保障将受到一定影响,保障老年民生改善的福利刚性与财政增收压力加大之间的矛盾将进一步凸显。

(2)农村区域养老服务支撑弱化

新世纪以来,宁波城乡居民人均可支配收入水平逐步缩小,但是城镇化加速发展,各类发展要素将进一步向城镇聚集,农村养老服务承担机构、工作人员减少,服务能力弱化,运营成本持续上升,给原本养老保障水平就相对低的农村老年人带来更多压力,亟须统筹城乡区域老龄事业协调发展。

(3)养老服务供需结构性矛盾凸显

受城乡居民养老金差异和老年人储蓄情况的影响,老年人群体养老服务需求出现多样化,生存型、发展型、享受型等并存,不仅要做好物资保障,还要提升服务质量,提供精神文化支撑。老年人日益增长的美好生活需要与养老事业和养老产业发展不平衡不充分之间的矛盾将更为明显。

(4)老年人长期照护需求急速增长

2019年,宁波市人均预期寿命81.66岁,比新中国成立初期宁波人均期望寿命38岁增加了一倍多。同时,根据预测,"十四五"中期开始,宁波80周岁以上老年人增长速度将超过60周岁以上老年人,势必导致失能、失智、高龄、独居、失独等老年人的照护需求将迅速增长。家庭规模的小型化、家庭养老护理功能的弱化,也将助推长期照护服务需求的急速增长。在长期照护保险未全面普及的情况下,失能失智老年人的照护成本将给家庭带来沉重的负担,经济条件困难的家庭可能重返贫困。

2.面临的机遇

(1)积极应对人口老龄化上升为国家战略

《中共中央关于制定国民经济和社会发展第十四个五年规划和二〇三五年远景目标的建议》提出"实施积极应对人口老龄化国家战略",老龄工作在党和国家全局中的重要地位日益凸显。《宁波市"十四五"规划和2035年远景目标建议》也明确积极推动人口均衡发展,落实应对人口老龄化国家战略,增强生育政策的包容性,发展普惠托育服务体系,降低生育、养育、教育成本,提高优生优育服务水平。树立以常住人口为导向的人口发展观,加大人力资本投入,优化落户政策、住房政策,大力吸引年轻人口、高素质人才流入。推动养老事业和养老产业协同发展,完善居家社区机构相协调、医康护养为一体的多层次养老服务体系,发展普惠型养老服务和互助性养老,培育智慧养老、医养康养联合体等新模式,积极发展"银发经济",建设老年友好型社会。

(2)宁波社会组织快速发展为健康养老提供新支撑

2020年宁波生产总值超过1.23万亿,人均生产总值达到高收入经济体水平。预计到2035年,宁波人均生产总值达到发达经济体水平,基本实现新型工业化、信息化、城镇化、农业农村现代化。在强有力社会经济支撑下,以慈善组织、社工机构等为代表的社会组织迎来新一轮快速发展(见图9-1)。

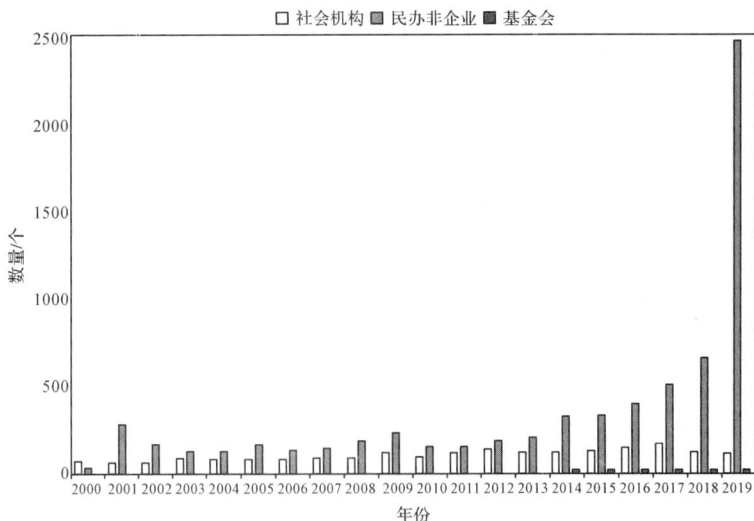

图9-1 宁波社会组织发展趋势(2000年至2019年)①

---

① 宁波社会组织发展趋势[EB/OL].(2021-02-01)(2021-02-04). http://shzzm. nbshzz. org. cn/Statistics/Statistics/Index? MonitoringPointId=.

（3）双循环发展新格局赋予健康养老发展新机遇

"十四五"时期，建设国内国际双循环枢纽城市成为宁波的首要任务，也是宁波未来发展的根本动力和方向指引。在老龄化程度高，外向型要素拉动不稳定情况下，养老事业和养老产业"促发展"的任务更为迫切，客观上需要以保障和改善老年人民生来稳预期、扩内需、促发展，拉动消费、扩大就业、推动经济转型升级，形成"保民生、促发展"的良性互动，助力双循环发展新格局，促进社会和谐，推进宁波经济社会持续健康发展。

（4）居民社会化养老服务理念日趋成熟

"十四五"时期，无论从政府层面还是从老年人层面来看，应对人口老龄化的物资基础都将进一步夯实，"边富边老"的发展态势得到进一步巩固。随着经济持续快速发展，宁波老年人口的消费能力将持续增强。同时，在社会化养老服务理念普遍被老年人接受的情况下，养老服务的巨大潜在需求将逐步转化为有效需求。政府深化体制改革措施，积极鼓励社会力量投入养老服务产业，将大大激发市场和社会组织参与养老服务的活力。在政策扶持和市场需求"双引擎"驱动下，养老服务呈现出多元主体参与，多元服务模式并存，多层次服务供给体系协同发展，智慧养老、医养康养联合体等新模式不断涌现的新局面。

第二节　"十四五"时期健康养老的战略理念

"十三五"期间，宁波养老服务业发展成就显著——养老服务制度框架不断健全、基本养老服务得到有效发展、养老服务多样化供给能力明显增强、服务市场更具活力、养老服务质量大幅提升，特别是居家养老服务得到长足发展。但是也存在养老事业和产业发展不平衡，城乡之间养老事业发展不平衡，老年人的物质保障、服务保障和精神保障发展不均衡，居家社区养老服务与机构养老服务不均衡，老年用品和服务业之间发展不均衡，基本养老保险、企业年金和职业年金、个人养老金三大支柱之间发展不均衡；养老社会保障资金可持续面临较大挑战；政策的精细化程度不足，针对性不强；老龄化社会风险系统性应对措施尚未构建等问题。这都需要进一步理顺养老服务利益主体之间关系，塑造符合社会发展形势的健康养老战略理念。

一、生命周期视角和结构性视角协同理念

健康管理需要全生命周期关照，养老服务聚焦到每一个个体身上也需要全

生命周期视角的关注,形成人的全面和终身发展的理念,将社会的老龄化和个体老龄化都能从动态发展的过程来对待,引导公民在中青年时期就全面做好今后养老的物质、健康、技能、精神等方面准备,为健康养老打好基础。同时,从人口年龄结构变动与经济社会结构变动的矛盾关系角度,统筹解决好不同年龄群体的生育、教育、就业、退休和养老问题,突出关注生育率稳定提升,保障养老服务支撑体系稳固、可持续。

二、全面关照与战略机遇期结合理念

个体的健康养老是一项系统化工程,整个区域社会内的老年人健康养老更是需要全面关照。切忌仅仅聚焦老年人的某一个或几个领域的需要来解决"健康养老问题",防范将"健康养老问题"狭隘化的倾向,比如将"健康养老问题"降维为"养老问题",将"养老问题"又降维为"养老服务问题"。同时,采用系统论思维模式,用全面、辩证、长远的谋划应对老龄化带来的挑战和机遇,既要制定正确的应对之策,将健康养老带来的负面影响转化为推进改革、促进发展、提高人民生活质量的积极因素,又要因势利导,顺势而为,着力挖掘健康养老给宁波发展带来的活力和机遇。

三、主动应对与整体把控融合理念

老龄化是人类社会发展的必然,健康养老也是人类的必然选择。这就要求充分认识人类这一发展规律,多研究制定一些事前干预型应对举措,少一些事后补救型应对办法,由人口老龄化的被动应付转变为未雨绸缪、超前谋划、源头治理,抓住用好战略机会窗口期,做好各项战略准备的主动应对。同时,依据老龄问题影响的广泛性和应对主体的多元性,强化综合协调机制,建立全党统领把控,统筹协调各部门、多方参与、齐抓共管的健康养老生态。

四、财富论与主体论统一理念

老年人不仅为社会创造过财富,并且自身也是一座"金矿",需要进一步"开发"。因此,要充分肯定广大老年人为社会做出的重要贡献,尊重老年人积累的丰富阅历、智慧和经验,真正把广大老年人当作社会的宝贵财富,继承老年人的优秀品德,发扬老年人的优良传统,汲取老年人的宝贵经验,发挥老年人的积极作用。同时,改变将老年人作为"健康养老"行动中需要照顾、优待、救助等客体的错误做法,真正把将占到宁波总人口三分之一的老年人视为积极、能动的社会主体,制定出能更好地激发老年人潜能,提升老年人自我价值和正面认知,增强老年人参与社会发展的能力,促进老年人参与公共决策的增权赋能型公共政策。

第三节　"十四五"时期健康养老的战略对策

健康养老问题不是某一领域的具体问题,而是复合型、战略性问题。"十四五"时期在具体实施健康养老过程中,需要依托积极应对人口老龄化国家战略,结合宁波发展实际情况,以养老服务设施改造升级为契机,夯实健康养老的基础;以推进养老服务标准化建设为抓手,促进养老服务提质扩容;以养老服务绩效评价为依据,提高养老服务体系效能。

一、加强养老服务设施改造升级

宁波 21 世纪初投入使用的一批养老服务设施损耗、折旧严重,随着经济社会发展,也有一批设施不能满足老年人需求,需要改造升级,切实改善服务设施条件、提升基础保障水平。

(一)加强区域性供养服务设施建设

重点加强养老服务设施长期照护功能,优先满足区域内失能、半失能特困人员集中照护需求,重点为特困人员、低保、低保边缘的失能失智老人、计划生育特殊困难家庭等老年人提供无偿或低偿托养服务。

(二)整合改造乡镇供养服务设施

加大乡镇特困供养服务设施整合改造力度,对位置偏、设施差、人员少、管理乱的养老机构要统一规划、整合。对不能整合的敬老院要立足基本生活保障和照料需求,重点对房屋建筑及设施按照功能性质合理分区并进行改造;有条件的地方可设置基础型康复室,配备运动能力、日常生活能力评价及训练设施设备等。

(三)消除安全隐患

把养老机构安全风险防范工作放在首位,结合民政部等五部委《关于做好2020 年养老院服务质量建设专项行动工作的通知》(民发〔2020〕46 号)精神,对照重大风险隐患检查指标逐项做好排查整改,确保排查出的各项安全隐患全部整改到位。

(四)鼓励和支持转型升级

采取公开招投标、委托运营等多种形式遴选确定社会力量参与公办养老机构的提升改造和运营,提高床位使用率,改善管理服务水平。有条件的机构,可拓展服务范围,为周边困难、留守等老人提供长期托养、医疗保健、精神慰藉等服务,逐步转型提升为集长期托养、日间照料、居家服务为一体的综合养老服务中心。

二、推进养老服务标准化建设

养老服务标准化建设是提升养老服务质量,增强养老服务竞争力的重要手段。加强养老服务标准化工作,对于推动宁波健康养老发展,增强养老法规政策的可操作性,实现养老服务管理的制度化、规范化和程序化具有重要意义。

(一)强化养老服务国家标准和行业标准的宣传工作,加大标准执行力度

养老服务主管部门和服务机构自身均需要认真组织养老服务标准化知识学习,树立标准化工作理念,加大养老服务工作领域中实施国家标准力度,确保强制性标准的严格执行和推荐性标准在最大范围内的贯彻落实。要建立养老标准实施监督机制,通过行政管理、执法检查、监督抽查和认证等形式加强监督。

(二)加强具有宁波特点的养老相关地方标准建设

按照科学合理、层次分明、全面配套、功能完备、相互协调的原则,结合宁波养老服务业"十四五"发展规划,认真梳理标准的现状和需求,在主动对接国家、行业和地方标准的基础上,组织研究和编制适应宁波新时代养老事业发展需求、可持续改进的标准体系,为编制相关基础性标准和推进标准化管理夯实工作基础。

(三)鼓励支持养老服务单位开展标准化示范创建

充分发挥养老服务机构引领示范作用,鼓励支持和推荐工作基础好、积极性高的养老机构开展标准化项目试点示范和标准化研制,以试点示范为引领,进一步推进养老服务标准化,提高标准化管理覆盖率,提升宁波健康养老工作管理服务专业化、规范化、标准化水平,积极打造养老服务的质量意识和品牌观念。

(四)开展养老领域质量管理体系合格认证

依据服务业标准、国际质量管理体系等通用合格评定标准,结合养老行业与领域管理和服务组织的特点,探索推进适应形势发展、符合养老需求的管理体系认证。支持和鼓励相关健康养老机构导入相应标准,推进内部质量管理体系建设。按照政府主导、第三方认证、分级管理的原则,对养老机构的质量、管理与服务工作进行体系认证认可,逐步提高内部管理和服务的规范性和透明度。

(五)开展养老服务机构等级评定

按照《民政部关于加快建立全国统一养老机构等级评定体系的指导意见》(民发〔2019〕137 号)、《养老机构等级划分与评定》(GB/T 37276—2018)等规定,组织开展养老机构等级评定先行先试工作,并根据《浙江省养老机构等级评定管理办法》(浙民养〔2020〕111 号)和《浙江省养老机构等级评定工作实施细则》相关规定,在"十四五"期间全面开展养老机构等级评定工作;按照《居家养老服务机构等级规范》(DB3302/T 1014—2013)、《关于印发〈宁波市居家养老服务机构等级评定办法〉的通知》(甬民发〔2014〕33 号),以及"宁波市居家养老服务机构等级评定指标"等标准制度,加强居家养老机构等级评定。实现以管理服务标准化建设,促进养老服务机构和社会组织的规范化发展和服务质量不断提升的目标。

三、进行购买养老服务绩效评价

政府购买机构养老服务的绩效包括三个部分:购买投入过程中的公共资源配置是否公平;投入产出环节政府所投入资源是否有效率;最终所产出的效果方面,生产者养老机构向使用者老人提供的养老服务的质量是否得到实现。

(一)养老服务绩效评价背景

1.国家层面政府购买养老服务绩效评价支持政策

2013 年,国务院办公厅颁布了《关于政府向社会力量购买服务的指导意见》。该文件指出,要实施社会管理创新,改进政府提供服务的方式。其中明确提出,想要做好养老服务工作,就必须要让更多的人参与到养老工作当中来,增加政府向社会力量购买养老服务的数量。2014 年,财政部等四部委联合发布了《关于做好政府购买养老服务工作的通知》,明确提出了要积极有序地开展政府

购买养老服务工作,要求建立健全由购买主体、养老服务对象以及第三方组成
的综合评审机制,加强购买养老服务项目的绩效评价。我国"十三五"规划中也
指出要全面开放养老服务市场,增加服务和产品供给。

2.宁波市政府购买养老服务绩效评价开展情况

为应对养老难题,宁波于2005年推行政府购买居家养老服务,2008年根据
《关于开展城市社区居家养老服务工作绩效评估的通知》(甬民发〔2008〕125号)
对开展城市社区居家养老服务工作的县(市)、区,围绕工作体系建设、服务工作
成效和群众满意度测评等方面进行评价。2015年发布实施的《宁波市政府购买
养老服务实施办法》提出建立以服务项目为载体,以绩效评价为导向,以合同管
理为基础,权责明确,竞争择优,公开透明的政府购买养老服务制度。但是,宁
波市政府购买养老服务绩效评价存在指导性文件缺乏、指标体系不完善、流程
不规范、结果缺乏指导性,以及绩效评价主体单一、监管机制亟待完善等一系列
问题。

(二)养老服务绩效评价研究

西方学者对政府绩效的关注始于对公共项目的评估研究。受新公共管理
论的影响,1982年,英国财政部颁布"财务管理新方案",明确提出从"经济、效
率、效果"(3E)的维度对公共部门的项目和服务进行评价。继美国国会于1993
年通过《政府绩效与结果法案》之后,2004年美国联邦政府颁布《顾客至上:服务
美国民众标准》。此后,私营机构全面质量管理、顾客满意度等管理理念和方法
相继被引入政府绩效的评价。西方国家政府服务绩效评价的主要方法有"3E"
评价法、标杆管理法、顾客满意度和平衡计分卡法等。

国内学者也对政府购买养老服务评价展开了研究,尤其是关于政府购买居
家养老服务的绩效方面的研究较深入。章晓懿等[1]根据公平性、经济性、效率性
和效果性的"4E"绩效评估框架形成了社区居家养老服务绩效评估的指标体系。
包国宪、刘红芹[2]运用SERVQUAL模型,从有形性、可靠性、响应性、信任感和

---

① 章晓懿,梅强.社区居家养老服务绩效评估指标体系研究[J].统计与决策,2012
(24):73-75.

② 包国宪,刘红芹.政府购买居家养老服务的绩效评价研究[C]//中国康复医学会第
七次全国老年医学与康复学术大会资料汇编.中国康复医学会老年康复专业委员会,2012:
6.

人性化五个维度构建政府购买居家养老服务的评价指标。吉鹏等[①]运用数据包络分析法和美国顾客满意度模型(ACSI)探讨了政府购买养老服务评价指标的构建；之后，他们[②]基于政府购买养老服务过程从养老服务需求、购买过程效率和购买结果满意度三个维度构建政府购买养老服务绩效评价框架。黄佳豪[③]则以合肥市为例，基于居家养老服务评估的过程和内容建构和完善多元化、多层次性居家养老服务评估体系。张锐[④]从武汉政府购买机构养老服务的公平、效率和服务质量等维度，对政府购买养老服务绩效进行了分析。王燕平[⑤]、米岚[⑥]、朱晓卓[⑦]、刘效壮[⑧]等分别从社会组织介入政府购买居家养老服务、居家养老服务监督机制、政府购买居家养老服务现状、机构养老服务质量绩效评价等维度分析了宁波市政府养老服务绩效情况。

(三)养老服务绩效评价价值

1. 丰富宁波市政府购买养老服务绩效评价的研究

通过梳理政府购买服务的社会学、管理学，以及经济学政策理论，为政府购买机构养老服务的效率和养老服务的质量提供理论依据，同时有助丰富政府购买养老服务的理论研究。

2. 为宁波市政府购买养老服务绩效评价提供技术工具

构建政府购买养老服务的绩效分析框架，结合宁波市机构养老的实际情况，研究政府购买养老服务绩效的评价方法和指标，探讨提高政府购买养老服务绩效的对策，探索养老服务管理监督体系、效率评价体系与效果评估体系，为

---

① 吉鹏，李放.政府购买居家养老服务的绩效评价：实践探索与指标体系建构[J].理论与改革，2013(3)：104-107.

② 吉鹏，李放.政府购买养老服务满意度指标构建与实证评价——基于江苏三市的调研数据[J].人口与发展，2017，23(3)：59-67.

③ 黄佳豪.地方政府购买居家养老服务评估研究——以合肥为例[J].理论与改革，2016(2)：98-101.

④ 张锐.政府购买养老服务的绩效评价研究[D].中南财经政法大学，2019.

⑤ 王燕平.政府向社会组织购买居家养老服务现状及对策——以宁波市海曙区为例[J].当代经济，2016(36)：54-55.

⑥ 米岚.宁波市完善政府购买社区居家养老服务监督机制研究[J].中国初级卫生保健，2018，32(10)：34-36.

⑦ 朱晓卓.宁波市政府购买居家养老服务的现状[J].家庭服务，2019(3)：33-35.

⑧ 刘效壮，朱岱霖.行为绩效视角下机构养老服务质量调查研究[J].卫生职业教育，2019，37(4)：130-132.

政府购买养老服务绩效评价提供可操作性工具。

3.促进宁波市养老服务提质增效,提升老年人幸福感

采用宁波市养老机构等级评估和居家养老服务照料中心等级评估指标数据,采用相关分析和回归分析深入探讨政府购买养老服务支出等因素对养老服务质量的影响,供养老机构决策者和管理者针对这些因素提升机构养老服务质量和效率,满足老年人多层次、多元化、多类型的养老服务需求。

参考文献

[1] 朱勇.智能养老[M].北京:社科文献出版社,2014.

[2] 马祖琦.健康城市与城市健康——国际视野下的公共政策研究[M].南京:东南大学出版社,2015.

[3] (希)可姆尼诺斯(Komninos,N.).智慧城市:智能环境与全方位创新策略[M].夏天,译.北京:机械工业出版社,2016.

[4] 周国明,贾让成.机构养老的宁波模式[M].杭州:浙江大学出版社,2016.

[5] 陈志峰,刘俊秋,王臣昊.智慧养老探索与实践[M].北京:人民邮电出版社,2016.

[6] 黄勇.智慧养老[M].北京:中国社会出版社,2016.

[7] 张文娟.中国社会养老服务体系建设[M].北京:社会科学文献出版社,2017.

[8] 梁万福.香港安老院舍评审计划五年检讨报告书(2005—2010)[M].香港:香港老年学会,2012.

[9] 刘淑娟.长期照护[M].第2版.台北:华杏出版股份有限公司,2011.

[10] Barney G Glaser , Anselm L. Strauss. Discovery of Grounded Theory: Strategies for Qualitative Research[M]. AldineTransaction,1999.

[11] 吴玉韶,党俊武.中国老龄事业发展报告(2013)[M].北京:社会科学文献出版社,2013.

[12] 乌沧萍主编.老年社会学[M].北京:中国人民大学出版社,1999.

[13] 刘效壮.浙江宁波探索智慧养老服务[J].中国国情国力,2020(6):77-79.

[14] 刘效壮,任光圆.养老服务标准制定现状、问题及对策分析——基于全国标准信息公共服务平台数据[J].中国标准化,2020(4):74-78.

[15] 刘效壮,朱岱霖.行为绩效视角下机构养老服务质量调查研究[J].卫生职业教育,2019,37(4):130-132.

[16] 黄伟,袁竞峰,李灵芝. 基于个体需求的智慧养老服务体系构建与平台设计[J]. 工程管理学报,2018(3):1-5.

[17] 李彩宁,毕新华. 智慧养老服务体系及平台构建研究[J]. 电子政务,2018(6):105-113.

[18] 闵锐,马晓敏. "互联网+"背景下智慧养老服务产业发展策略研究[J]. 劳动保障世界,2018(15):17.

[19] 王佳,续大治,张黎升,等. 智慧养老的海曙探索[J]. 中国社会工作,2018(14):34-35.

[20] 方杰,黄坤瑜,陈杏雅. 南京市智慧养老模式推广的问题及对策[J]. 现代商贸工业,2018,39(15):34-35.

[21] 周露露. 大数据时代贵州省智慧养老困境与对策研究[J]. 中国管理信息化,2018,21(9):167-168.

[22] 华梓茜,赵东霞. 健康养老产业发展可行性调查研究——以大连市为例[J]. 改革与开放,2018(8):9-12.

[23] 彭金玉,邹梦璐. 我国城市社区智慧养老模式探究——以浙江省诸暨市上江东社区为例[J]. 克拉玛依学刊,2018,8(2):48-52.

[24] 孟兆敏,李振. 养老机构分类标准及分类管理研究[J]. 江苏大学学报(社会科学版),2018(1):71-78.

[25] 张欣琪,刘欣,刘佳依,等. 社区居家养老照料中心膳食服务标准体系构建研究[J]. 中国标准化,2018(3):62-67.

[26] 唐钧. 养老机构服务质量:标准、管理和评估[J]. 行政论坛,2018(1):29-33.

[27] 吴少伟. 河南省农村社区居家养老服务标准研究[J]. 决策探索,2018(4):21-22.

[28] 张秀娟,陈延,赵凌波. 区域视角下养老服务标准体系建设研究[J]. 中国标准化,2018(2):79-83.

[29] 刘效壮,陈延. 机构养老服务质量研究现状与思考[J]. 卫生职业教育,2018,36(3):142-145.

[30] 刘效壮,陈延. 居家养老服务照料中心"四位一体"运营机制建设研究——基于宁波的实证研究[J]. 中国老年保健医学,2017,15(1):23-26.

[31] 孔丹,吴晓东,韩红星,等. 医养结合养老机构标准需求研究[J]. 中国卫生监督杂志,2017(3):243-248.

[32] 张娟. 医养结合养老机构标准现状分析[J]. 智慧健康杂志,2017(24):26-27.

［33］娄乃琳,赵尤阳.养老服务设施规划建设标准关键技术和标准体系研究课
题分析［J］.建设科技,2017(7):12-16.

［34］于一凡,刘旭辉.我国城乡养老服务设施规划建设技术标准体系研究［J］.
北京规划建设,2017(5):23-27.

［35］许继勇,舒明雷,周书旺,刘彬,高天雷.基于云平台的智慧健康养老服务
系统设计与实现［J］.山东科学,2017,30(5):117-122.

［36］伍海霞.城市第一代独生子女父母的社会养老服务需求——基于五省调查
数据的分析［J］.社会科学,2017(5):79-87.

［37］刘效壮.高职院校服务地方政校行企模式研究［J］.当代职业教育,2016
(12):16-19.

［38］刘效壮,陈延.养老服务人才培养路径研究——以宁波市为例［J］.卫生职
业教育,2016,34(7):4-6.

［39］李红凤.养老机构服务质量的提升之策［J］.中共山西省委党校学报,2016,
39(6):108-110.

［40］谭贵良,刘妍,谢军.老年人膳食营养及养老服务业膳食服务标准规范研究
［J］.中国标准导报,2016(6):38-42.

［41］林国旗,冯洁,樊文霞.智慧养老标准体系建设研究［J］.合作经济与科技,
2016(4):169-171.

［42］郭红艳,王黎,彭嘉琳,等.境外养老机构服务质量评价体系研究进展及启
示［J］.中国老年,2016,36(5):239-242.

［43］郜朋辛,戚振强.民营养老机构服务标准化建设必要性研究［J］.价值工程,
2015(10):321-323.

［44］李晓文.需求视角下智慧养老服务体系构建策略探究［J］.宁波经济(三江
论坛),2015(8):43-47.

［45］曹蕾,金幸美,王凤,黄金银.校企合作模式在养老护理员职业能力培养中
的应用［J］.护理进修杂志,2015(2):108-111.

［46］程浩,谢军,万雨龙.养老服务业标准体系的构建与应用［J］.中国标准导
报,2015(7):57-61.

［47］王章安.机构养老服务标准体系的研究现状与展望［J］.中国老年学杂志,
2015(10):2864-2867.

［48］顾龙芳,朱一帆关于我国社区居家养老服务标准体系建设的研究［J］.标准
科学,2015(11):30-35.

［49］刘效壮,吴美蓉,朱岱霖.养老服务人才培养研究述评［J］.中国老年保健医
学,2015,13(04):80-83.

[50] 刘效壮.社区养老服务智慧化研究——以宁波为例[J].科技视界,2015
(09):40-41,51.

[51] 左美云.智慧养老的内涵、模式与机遇[J].中国公共安全,2014(10):
48-50.

[52] 丁华,徐永德.养老机构服务质量管理[J].中国老年学杂志,2014,34(1):
273-275.

[53] 梁祝昕,陈涛.民营养老机构服务质量现状分析与完善——基于 RATER
指数的视角[J].中国老年学杂志,2014,34(7):2014-2015.

[54] 张晓华.养老服务人才培养的路径选择[J].教育,2014(14):56-57.

[55] 吴杰.日本养老服务人才培养模式及其对上海的启示[J].中外企业家,
2014(24):226-227.

[56] 颜欢.浙江嘉兴市:依托"六有"提升养老服务人才综合素质[J].社会福
利,2014(9):57-58.

[57] 童玉林,栾文敬.居家养老服务人才质量对居家养老服务需求的影响——
基于城乡老年人调查的实证分析[J].宏观质量研究,2014,2(2):94-101.

[58] 李爱夏,曹蕾,陈燕,袁爱娣.Watson 关怀理论在养老护理员职业素质培
养中的应用[J].护理学报,2014(22):12-14.

[59] 汪文萍.宁波市养老机构护理员队伍建设探讨[J].中共宁波市委党校学
报,2014,36(2):102-105.

[60] 方士婷,夏亚雄,赵志邈,等.宁波市养老机构养老护理员职业素质现状与
对策[J].中国高等医学教育,2014(6):21-22.

[61] 黄晶,施国庆.被征地农转居老年人口养老标准研究——以南京市为例
[J].人口与社会,2014(2):60-65.

[62] 谢晶,董志超.我国养老标准体系建设研究[J].第一资源,2014(1):
190-197.

[63] 郭红艳,王黎,彭嘉琳,等.日本养老机构服务质量评价研究进展及其对我
国的启示[J].中国护理管理,2013,13(5):99-102.

[64] 邹文开.养老服务人才培养的机遇、挑战与对策[J].社会福利,2013(11):
15-17.

[65] 孙华.养老服务专业人才供需矛盾的根源与对策:基于政府职能视角——
以南京市养老服务专业人才供需矛盾为例[J].社会福利,2013(12):
17-20.

[66] 李绍明,黄嘉丽,黄丹.养老护理员的素质现状及培养对策研究[J].探索,
2013(4):93-97.

[67] 陈延.借鉴日本经验 发展宁波养老护理队伍[J].宁波通讯,2013(15):58-59.

[68] 赵宏春.老龄宜居将有标准可依[J].中国标准化,2013(11):31.

[69] 延婧.话说北京的养老与标准[J].标准生活,2013(9):60-63.

[70] 侯非,秦玉婷,张隋.养老服务业标准体系构建策略与运行机制分析[J].中国标准化,2013(2):32-38.

[71] 陈延,祁义霞,黄金银.宁波养老机构服务标准构建研究[J].中共宁波市委党校学报,2013(5):120-123.

[72] 李玉玲.养老服务人才队伍建设的实践与探索[J].社会福利,2012(2):24-25.

[73] 刘利君.养老服务专业人才队伍建设策略研究[J].社会福利,2012(4):34-39.

[74] 阎永胜.社区养老服务人才培养模式研究——基于中日职业教育比较视角之思考[J].辽宁高职学报,2012,14(8):6-8.

[75] 李华楠.养老服务标准体系构架浅析[J].品牌与标准化,2012(Z2):9-10.

[76] WHO, US National Institute of Aging. Global Health and Aging [R].2011.

[77] 朱仁义.规范养老机构消毒工作我国将出台首个养老机构消毒卫生标准[J].中国卫生标准管理,2011,2(3):63-99.

[78] 于涛.养老服务人才的现状调查与对策——以淄博市为例[J].社会纵横,2011,26(2):94-97.

[79] 孟令君.养老服务行业需致力人才培养[J].社会福利,2010(8):37-38.

[80] 朱海滔.养老服务:金矿待开,人才短缺[J].职业,2009(4):44-46.

[81] 黄岩松,陈伟然,潘国庆.养老服务社会化进程中"工学结合"人才培养模式与途径探讨[J].长沙民政职业技术学院学报,2009,16(3):66-68.

[82] 黄岩松,陈卓颐.机构养老服务高素质人才培养探讨[J].长沙民政职业技术学院学报,2007,14(4):77-79.

[83] 石美遐.养老保险标准国际比较及启示[J].财政研究,2005(4):62-65.

[84] 陈恬恬.基于"互联网+"视角下智慧养老模式的构建研究[D].南昌:南昌大学,2017.

[85] 郝学.居家养老模式下适老化设计标准研究与实践[D].北京:北京建筑大学,2017.

[86] 欧阳盼.民办养老机构服务质量评价研究——以长沙市为例[D].长沙:湖南师范大学,2016.

[87] 张春华.关于我国养老机构社会化推行中提升服务质量的探讨[D].合肥：安徽大学,2015.

[88] 李栋.基于 SERVQLTAL 的大连市养老机构服务质量测评研究[D].大连：大连工业大学,2015.

[89] 成希.重庆市养老服务人才队伍建设研究[D].重庆：重庆大学,2013.

[90] 张冠湘.社区健康养老信息系统的设计与实现[D].大连：大连理工大学,2013.

[91] 王静.上海市徐汇区非营利性养老机构服务现状与老年人生活质量的研究[D].上海：复旦大学,2013.

[92] 张利苹.西安市养老机构服务管理现况及对老年人生活质量影响的研究[D].西安：第四军医大学,2013.

[93] 景洁.基于老年人视角的民办养老机构服务质量评价研究——以石家庄市为例[D].石家庄：河北经贸大学,2012.

[94] 黄丽珍.完善我国城市养老机构服务标准的必要性研究[D].北京：北京交通大学,2010.

[95] 张白.社会化养老服务人才的培养培训研究[D].济南：山东大学,2010.

[96] 刘效壮,朱岱霖.养老机构等级评定标准体系建设探析[C]//第十七届中国标准化论坛论文集.中国标准化协会,2020:4.

[97] 刘效壮,朱岱霖.养老服务标准化研究述评[C]//第十五届中国标准化论坛论文集.中国标准化协会,2018:5.

[98] 刘毅.标准化＋养老机构标准体系构建探索[C]//标准化助力供给侧结构性改革与创新——第十三届中国标准化论坛论文集.中国标准化协会,2016:698-702.

[99] 孟杰,陈肠,郭旭.我国机构养老服务设施规范标准体系建构探究规划[C]//60 年成就与挑战——2016 中国城市规划年会论文集.沈阳,2016-9-10:20-19.

[100] 陈延,刘效壮,张秀娟.养老机构标准化建设策略探析——以宁波为例[C]//标准化助力供给侧结构性改革与创新——第十三届中国标准化论坛论文集.中国标准化协会,2016:9.

[101] 中国电子科技集团公司第三研究所,泰瑞特产业研究中心.智慧健康养老产业发展白皮书(2017 年)[R].北京：智慧健康养老产业发展大会,2017.

[102] 李滨生.支持老年用品开发 促进产业发展[N].人民政协报,2017-06-12(05).

[103] 崔炜.奥地利养老服务人才培养之道[N].中国社会报,2015-02-02(07).

[104] 甄炳亮,刘建华.养老服务人才队伍建设的困境与出路[N].中国社会报,2014-07-14(02).

[105] 高一村.有钱也买不来服务[N].中国社会报,2014-03-09(01).

[106] 单超哲.养老服务人才太少了[N].经济日报,2004-01-12(02).

[107] 哲民.浙江推进养老服务人才队伍建设[N].中国老年报,2013-10-22(01).

[108] 民萱.成立专业教学指导委员会加快养老服务人才培养[N].中国教育报,2013-12-10(07).

[109] 黄子哲,包佳薇.千万公益金助力养老服务专业人才培训[N].中国社会报,2011-11-11(04).

[110] 车辉.我国养老服务人才亟待职业化[N].潍坊日报,2011-01-06(05).

[111] 韩忠智.养老服务人才研讨会将召开[N].中国老年报,2010-06-29(01).

索　引